普天之下·盡是好書

普天出版家族 Popular Press Family

凌雲文創 A-Plus Creative Company

換一種文明的方式去罵人

全新增訂
典藏版

罵人不必帶髒字 全集

The Art of Cursing

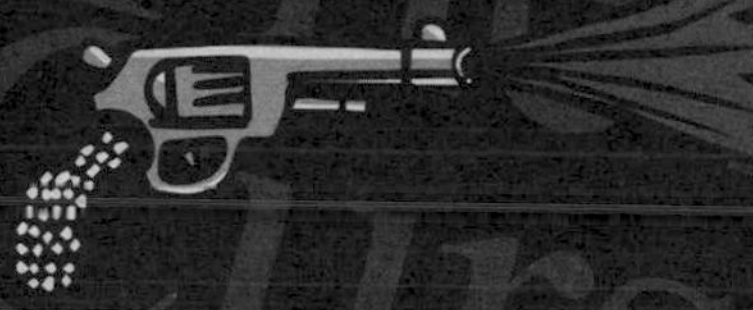

荷姆斯曾經寫道：**「誇人只需要舌頭，罵人卻需要智慧。」**
的確，鐘的完美不在於走得快，而在於走得準確；罵人的話不在於髒，而是在於是否切中被罵人的要害……

巴克斯特曾經說過：**「當你無法使所有東西都保持乾淨時，也不必弄髒任何東西。」**
這句話告訴我們，當你不得不開口罵人時，不一定要口出惡言，因為，最厲害的罵人方式，是只說幾句乾淨的話，卻能讓它發揮最「髒」的功用。

出·版·序

換一種說話方式去罵人

·文彥博

在現代的日常生活中，我們屢屢見到令人不滿或生氣的事情，這時，「罵人不帶髒字」的批評方式就可派上用場。

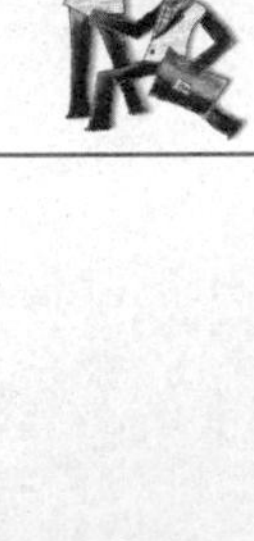

荷姆斯曾經寫道：「誇人只需要舌頭，罵人卻需要智慧。」

的確，鐘的完美不在於走得快，而在於走得準確；罵人的話不在於髒，而是在於是否切中被罵人的要害……

漢武帝即位之後，開始討厭撫養自己長大的乳娘，嫌她好管閒事，事無大小都囉哩囉嗦，後來便決定將她趕出宮外。

乳娘在皇宮住了幾十年，當然不願離開宮廷生活，無可奈何的情況下，便向漢武帝身邊的紅人東方朔求助，希望他能幫忙說些好話緩頰。她把事情告訴東方朔後，東方朔安慰她說：「這沒什麼困難，只要妳向皇上辭行的時候，回頭看皇上兩次，我就有辦法了。」

東方朔以機智幽默著稱，是清朝大文人紀曉嵐最推崇的人物。

他深知漢武帝是乳母一手撫養大的，乳母對他的恩情勝似生母。但是，乳母也有不是的地方，喜歡多嘴饒舌，尤其是漢武帝即位後，已經貴為一國之君，她卻不知收斂，常常毫不客氣地指出他的缺失，使得他下不了台階。

但不管怎樣，乳母終究是乳母，雖有小過錯，還不至於非把她趕出去不可，因而東方朔決意幫助乳母。

到了送乳娘出宮的日子，乳娘叩別漢武帝後，滿眼淚水，頻頻回頭向武帝看幾次。這時，東方朔乘機大聲說：「喂！乳娘，妳點快走吧！皇上早已經長大，用不著妳餵奶了，妳還擔心什麼呢？」

漢武帝一聽到此話，心弦不禁一震，感到十分難過，想起自己是乳母餵養長大的，而且她又沒犯什麼重大過錯，就立刻收回成命，讓她繼續留在宮中。

東方朔不愧是處理人際關係的高手，如果他直接向漢武帝進諫，搞不好會使漢武帝惱羞成怒，反而把事情弄得更糟。

他採用「指桑罵槐」的策略，輕鬆地達成目的，可謂「罵人不帶髒字」。

其實，在現代的日常生活中，我們也屢屢見到令人滿或生氣的事情，然而，在某些公眾場合，或因爲事情的敏感性，或涉及某些身貴名顯的人，或考慮到別人的自尊心，不便公開地直接罵人，這時，「罵人不帶髒字」的批評方法就可以派上用場。

當然，罵人並不是面對事情的最好方式，有時以讚美、鼓勵的方式來激發對方的優越心理，也是不錯的「滲透」方式。

我們在日常的社交活動中，總難免遇到一些令人難堪的窘境和難以回答的問題。這時候該如何說話最恰當？

大原則應該是明辨事理，說話得體；該直言則直言，該含糊就含糊，該超脫就超脫。總之，從實際出發，視情況而定。但是，有一點要特別注意：當有人故意給你難堪，並使你的感情受到傷害，你可不要只顧著氣憤，更不要大發雷霆去硬碰硬，那樣只會使矛盾激化，鬧得兩敗俱傷。

當然，你也不可只張口結舌、滿臉羞紅，使對方覺得你軟弱可欺，那樣他可能會變本加厲地嘲弄你。

你必須頭腦冷靜地控制自己的情緒，運用語言的藝術，尤其是以急中生智的幽默感去對付。

「罵人不帶髒字」的幽默，是社交的救生圈。

英國作家司各特曾經在《雜文集》裡寫道：「充滿機智的幽默是多麼艷麗的服飾，又是何等忠誠的衛士！它遠遠勝過詩人和作家的智慧，它本身就是一種才華，能夠杜絕所有的愚昧。」

當然，也可能對方的言行並非惡意，有時候是無心之過。不論如何，你應該牢記的是，無論遇到哪種情況，「保持冷靜」的大原則是恰當得體。

本書《罵人不必帶髒字全集》是作者舊作《罵人不必帶髒字》與《罵人不必帶髒字2》的全新增修合集，除了針對內容進行刪修之外，另外也增加了十五篇新稿，謹此說明。

出版序 換一種說話方式去罵人 ●文彥博

[PART1]

遇到攻擊，不妨以幽默還擊

當別人以不友善的態度或言語來對待你時，如果能以幽默的態度來回應，那麼你得到的將不會是羞辱，而是別人對你的深刻印象。

【PART2】

用場面話說出真心話

不用直接說出真心話，但可以話中有話。巧妙地將自己真正想說的表達出來，在場面話和真心話之間搭起一座橋樑。

PART 3

如何用妙語讓自己脫離窘境

幽默可以出奇制勝，「罵人不帶髒字」的方式運用得當，往往能收到直言不諱難以達到的效果。

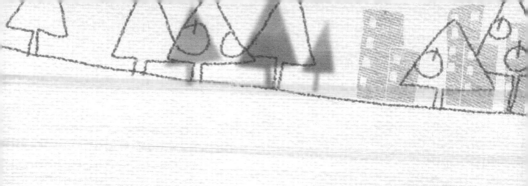

【PART 4】

發動柔性攻勢才能成事

堅決表達自己的意願，不能讓步的事情要勇敢拒絕，表現軟弱會使問題永遠無法解決。

PART5

越棘手，越需要幽默

越棘手的事情，越需要幽默。幽默不只是娛樂自己，同時也是娛樂別人，只要笑得出來，還會有什麼解決不了的大事呢？

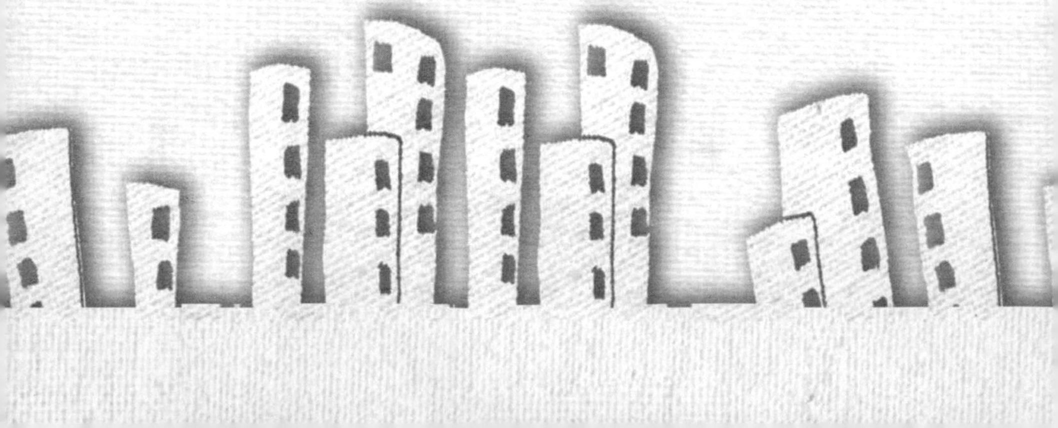

PART 6

針鋒相對不是最好的策略

談判是以理服人。把自己的原則、目標、利益及妥協的辦法，拿出來與對方磋商，才是至關重要的。

【PART 7】

用幽默的言語保護自己

幽默是一把雙刃劍，既可以保護自己，也可以給對手留下足夠的面子；既可以用它來進行攻擊，又可以使它成為彼此關係的黏著劑。

【PART 8】

順水推舟解決難纏的對手

順水推舟一般在難以「下台」時，是一種最有效的化解武器。主要特點是順應時勢與對方話來採取對策，使局面向著有利於己的方向發展，扭轉大局，順利解脫。

[PART 9]

想要反擊對手，就要當個舌戰高手

機智而又針鋒相對、尖酸刻薄的詭辯語言，就是經過高度淬煉的舌戰語言，在面對自己不喜歡的對手時，不妨如法炮製。

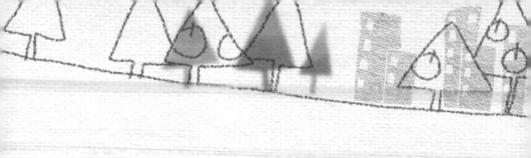

【PART 10】

用機智展現自己的風度

用幽默處理事情能避免衝突的發生，還能反客為主，把問題轉變成為反擊對手的輔助利器。

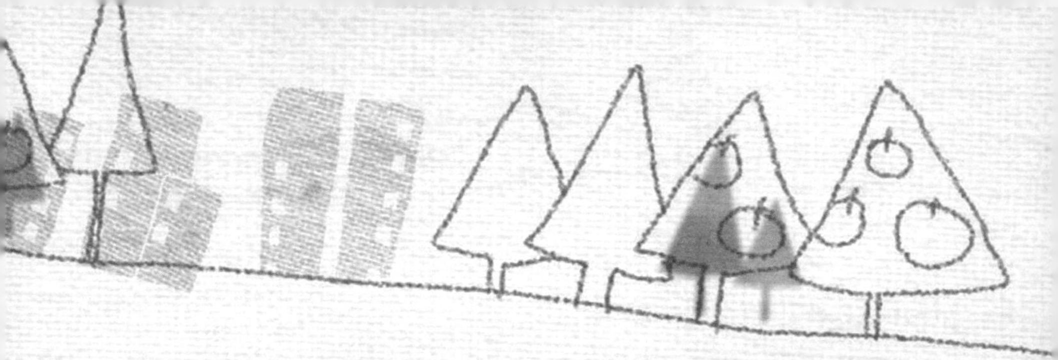

PART 11 把自己的意見滲透到別人心裡

如果你朋友是那種傲慢得從不說「是」的人，你就應該像興登堡的參謀們一樣，將自己的意見「滲透」到他的心裡去。

PART 12

如何壓制對方的氣焰？

有些爭強好勝的人不能理解別人的謙讓，還以為自己真的了不起，由此而變本加厲，更瞧不起人、不尊重人了。

PART 13

適時放對方一馬

有些人一陷入爭鬥的漩渦便不能自拔，為了利益或為了面子，硬要爭得你死我活。一旦在法理上佔上風，更是得理不饒人。

遇到攻擊，不妨以幽默還擊

當別人以不友善的態度或言語來對待你時，
如果能以幽默的態度來回應，
那麼你得到的將不會是羞辱，
而是別人對你的深刻印象。

拐彎抹角，才會罵得漂亮

蘇東坡文采飛揚，罵人不帶個髒字，讓老僧自取其辱，還不知道是怎麼一回事。如果你自認為有蘇東坡的文采，當然可以暢所欲言。

有些話，你明白說出來會傷到人，但不說出來又不吐不快；婉轉地說怕人聽不懂，正經八百地說又怕人誤會你的一番好意。這些話該怎麼說？特別是那些……不該說的話？

名作家梁實秋曾經寫道：「罵人要罵得含蓄，你罵他一句，要使他不覺得你在罵他，要使他想過一遍才慢慢覺悟你罵他的那句話不是好話。」

確實，最高明的罵人方式就是不帶任何髒字，想到達這個境界，關鍵在於你是否懂得用「好話」來罵人。換言之，就是你是否有辦法開口「罵人」之後，還能夠讓那個被你罵的人誤以爲你在「讚美」他。

動不動就跟別人爆發衝突，只會突顯一個人的幼稚和弱智，懂得運用幽默的話語化解僵局，才是眞正有涵養的聰明人。

一個眞正有智慧的人，即使是生氣的時候，也不會蠢到暴跳如雷地用髒話問候別人的祖宗八代，而是會用幽默的方法表達自己內心的想法，讓對方自知理虧之餘，有更深一層的體悟。

宋朝著名的大文豪蘇東坡到莫干山遊玩，玩了一整天，又累又渴，遠遠看到一個小寺廟，便喜出望外地跑過去想要討杯水喝，順道休息一下。

廟裡的老僧看到穿著極為普通的蘇東坡，對他愛理不理。

為了想喝水，蘇東坡只好報上姓名。

老僧一聽，原來是赫赫有名的蘇大學士，瞬間變了一個樣；不僅百般殷勤地奉上好茶，還請蘇東坡到上等客房休息。

待蘇東坡欲離去時，老僧臉上的笑容甜得像蜂蜜一樣，諂媚地說了一連串好話，要求蘇東坡題字留念。

蘇東坡面對這個勢利鬼，倒也不擺架子，立刻拿起筆來寫了一幅字：「日落香殘，免去凡心一點。火盡爐寒，備把意馬牢拴。」

老僧得到大學士的手墨，非常興奮，把這幅字掛到大堂之上，並且不時對過往香客洋洋得意地炫耀一番。

一天，一位文人來到寺廟裡，一見到掛在大堂中央的這幅字，忍不住捧腹大笑。

老和尚看得莫名其妙，這個文人上氣不接下氣地解釋道：「這幅字寫得真妙，日落香殘是個『禾』字，凡字去了一點就是「几」字，合起來就是個禿字。爐去火是為『盧』，再加上馬就是『驢』。所以蘇大學士是在罵你禿驢哪！你竟然還這麼得意！真是笑死人了！哈！哈！」

蘇東坡文采飛揚，罵人不帶個髒字，讓老僧自取其辱，還不知道是怎麼一回事。如果你自認為有蘇東坡的文采和機智，當然可以暢所欲言，道盡你心裡想罵人的話。如果沒有，還是先鍛鍊罵人的本事吧！

騷塞曾經說過：「罵人必須懂得明褒暗貶，必須懂得旁敲側擊，必須像殺人於咽喉處著刀地切中被罵者的要害。」

的確，罵人最忌心浮氣躁，最忌滿口髒話，因為，如果你像潑婦罵街一樣亂罵一通，不僅會暴露出自己「黔驢技窮」的弱點，更甭說可以達到用一句話就讓對方「一刀斃命」的目的。

不該說的話，還是暫時別說了吧！說得太好，別人懷疑你的居心不良；說得不好，別人又會因為找不到台階下而遷怒於你，這種兩面不討好的事，何必處心積慮去做呢？

不必急於一時，你應該做的，是好好訓練自己的口才。當你懂得拐彎抹角罵人時，不管你怎麼說話，別人都會覺得漂亮。

自大之前，先秤秤自己的斤兩

遇到事情的時候，請衡量一下自己的能力吧！與其人前現醜，何不先充實自己，累積實力，再尋求表現的機會呢？

卡爾曼曾經揶揄地說：「在天國的戶口名簿中，愚蠢的生物跟聰明的生物一樣，都是早就登記好了的。」

其實，一個人究竟是聰明的還是愚蠢的，並不是絕對的，天才與白癡往往只有一線之隔，如果你確實知道自己的天分，並且積極朝這個方向努力，那麼你就是一個聰明人，否則就是浪費時間和精力的蠢材了。

現代人普遍有一種毛病，就是很容易誇大自以爲是的能力。

明明沒這麼大的能耐，卻堅持自己可以，總是要等到失敗出現的時候，才肯承認自己眞的不行。到了這個時候，不但要耗費更多的心力來挽回，別人也會因此而對你失去信心。

面對這些執迷不悟的蠢材，讓如何「點醒」他們呢？

有一個畫家，認為自己在繪畫上非常有才能，所以一直堅持著自己的「藝術」理想，除了畫畫之外，從來不做其他的工作。

可是，他的作品乏人問津，幾乎又一張都賣不出去，總是搞到三餐不濟的地步。幸好街角有一個好心的餐廳老闆，願意讓他賒欠每天的餐費，因此，這個畫家便天天到這家餐廳吃飯。

有一天，畫家吃飯的時候，突然覺得靈感如泉湧，於是不管三七二十一，抓起桌上的餐巾，拿出隨身攜帶的畫筆，蘸著餐桌上的醬油、蕃茄醬……等各式的調味料，就開始作起畫來了。

餐廳的老闆不但沒有制止他，反而還趁著店裡客人不多的時候，在畫家身邊專心看著他畫畫。過了好一會，畫家終於完成了他的作品。他看著自己畫在餐巾上的傑作，深深覺得這是他有生以來畫得最好的一幅作品。

這時，餐廳老闆開口了：「我把你所積欠的飯錢一筆勾銷，就當作是買你這幅畫的費用，你說好不好？」

畫家聽了老闆的話，又驚訝又感動地說：「沒想到，你也看得出我這幅畫的價值！看來，我真的是離成功不遠了。」

餐廳老闆連忙說：「請你不要誤會，事情是這樣子的，我有一個兒子，他也像你一樣，成天只想著當一個畫家。我之所以買這幅畫，是想把它掛起來，好提醒我的孩子，千萬不要落到跟你一樣的下場。」

每個人都有自己的夢想，嘗試新的事物和勇於接受挑戰是好事，因爲這樣可以激發出自己潛在的能力，可是，要是欠缺自知之明，陶醉在自己的幻想之中，只會一再地暴露自己的不足，徒然惹人笑話。

遇到這樣的人的時候，請學學餐廳老闆，用「罵人不帶髒字」的方式勸告他們：衡量一下自己的能力吧！與其人前現醜，何不先充實自己，累積實力，再尋求表現的機會呢？

遇到攻擊，不妨以幽默還擊

當別人以不友善的態度或言語來對待你時，如果能以幽默的態度來回應，那麼你得到的將不會是羞辱，而是別人對你的深刻印象。

赫伯特曾經說過：「那些只會嚼舌根、談是非的人，就像池塘裡的青蛙一樣，成天喝水而且聒噪不休。」

要輕鬆應付這樣成天批評別人的人，必須具備一些幽默感。所謂的幽默，就是將可笑的事物按照本來的情況，用另一種方式加以描述。幽默當然帶有幾分自然和偶然，但是，只要反應敏捷，通常可以化解尷尬場面。

在人際關係中，學習如何運用幽默是很重要的。

要知道，不是每個人都會以友善的態度對待你，所以懂得運用幽默感，就能狗在別人對你不友善的批評或攻擊時，在不傷害彼此的和氣，又能維持自己尊嚴的況下，充分地予以反擊。

紀曉嵐五十五歲的時候，晉升為內閣大學士兼禮部侍郎。因為紀曉嵐專門打擊貪官污吏，朝廷中有很多人對紀曉嵐的升官感到不滿和眼紅，於是一些平時和紀曉嵐不合的大臣便聯合起來，以慶賀他升官為名，擺了一桌酒席請他吃飯，事實上是想藉機羞辱他一番。

正當大家吃到一半，酒席間突然跑來了一隻狗。

其中一位御史逮到機會，就故意指著狗問紀曉嵐說：「請問紀大人，你看那隻是狼（**侍郎**）是狗？」

紀曉嵐當然明白這位御史是有意在羞辱他，但是他並沒有生氣，不慌不忙笑嘻嘻地回答：「是狗。」

席間有一位尚書問他：「你怎麼判斷那是隻狗呢？」

紀曉嵐故意慢慢地說：「狼與狗不同的地方有兩點：第一個不同，是先看牠的尾巴是不是上豎，上豎（**尚書**）就一定是狗，不上豎就是狼！」

紀曉嵐的話弄得尚書十分尷尬，無言以對。

紀曉嵐接著又說：「第二則是從牠吃的東西來分辨。大家都知道狼的野性十足，但就算是肚子餓了，也不是什麼都吃；可是，狗就不一樣了，餓的話則遇肉吃肉，遇屎（御史）吃屎！」

紀曉嵐的機智和幽默不但使他免於被羞辱，還狠狠地反擊了對方一頓。

當別人以不友善的態度或諷刺性的言語來對待你時，其實目的只是要讓你下不了台而已，如果你真的因此而嘔氣的話，不但達到了他的目的，其他人也會開始對你產生負面的評價。

這個時候，如果能以幽默的態度來回應，甚至像紀曉嵐這樣繞著圈子加以回敬，那麼你得到的將不會是羞辱，而是別人對你的深刻印象。

不要被別人的情緒牽著走

片刻的惱怒往往使人瘋狂，這時若是你讓情緒控制了自己，那麼，你就失去掌控全局的主導權。

古羅馬思想家塞內卡曾經說：「如果一方退出，那麼爭吵就會很快停止，沒有雙方參加就不會有戰爭。」

的確，談話之時永遠應當是溫和善意的，而不應該像刀劍一樣直來直往，使自己陷入無可退避的窘境。

待人處事之時，我們都應該注意，會傷害別人的話儘量少說，談話的時候，並不是什麼話都可以脫口說出。

一對父子搭火車出外旅遊，途中有位查票員來驗票，情急之下，父親到處找不到車票，使得查票員口出惡言，怒目相向。

事後，兒子問父親，「剛才為什麼不還以顏色呢？」

父親笑著回答：「如果，這個人可以忍受他自己的壞脾氣一輩子，我為什麼不能忍受他幾分鐘呢？」

是的，面對別人惡言相向，我們應該理性地控制自己的情緒，不必隨對方起舞。

有一位著名的偶像男歌星，以渾厚低沉的嗓聲和英俊瀟灑的外貌風靡一時，令許多海內外的歌迷都十分為他傾倒。

有一回，偶像歌星到外地演唱三天，每天早上，他都會接到飯店服務生送來的鮮花。

這些鮮花、禮物、卡片對偶像歌星來說已是習以為常，除了無比的感激之外，他並不以為意。

沒想到演唱會結束的隔天，當他在餐廳用完早餐準備到櫃台辦理一些手續時，迎面突然來了一個面紅耳赤的男人，握緊雙拳對他大喊：「你是什麼東西？居然搶別人的老婆……」

男人說了一連串不堪入耳的粗話，大廳裡的賓客冷眼旁觀、議論紛紛。

偶像歌星則感到莫名其妙，心想追求自己的女人不計其數，他有必要去勾引別人的老婆嗎？偶像歌星等待男人冷靜下來，一問之下才發現，原來這個男人的妻子，就是每天早上送一大束玫瑰給他的女歌迷。

這名粗魯的男人罵上了癮，不但越說越激動，還動手拉扯偶像歌星的衣袖，在大庭廣眾下糾纏不休。

飯店警衛看到這種情況，急忙趕了過來，試圖將這個鬧事的男人拉開，但是卻被歌星伸手制止了。

接著，歌星微笑著對這個怒氣沖沖的男人說：「這樣好了，我們先靜下心來，上樓到房間裡聊聊吧。」

「去就去，我還怕你不成！」男人氣呼呼地回答。

兩人進到了偶像歌星的房間，房門一打開，房間裡竟然四處擺滿了鮮花，連廁所的角落都不放過。

這時，偶像歌星無奈地聳聳肩，慢慢對這位男子說道：「你說吧，哪一束是你老婆送的？我還給你。」

科爾頓有句名言：「我們憎恨那些人，是因為我們不認識他們；而我們永遠也不會認識他們，因為我們憎恨他們。」

片刻的惱怒往往使人陷入瘋狂的狀態，這時若是你讓情緒控制了自己，那麼，你就失去掌控全局的主導權。

大聲的人未必有理，發怒對事情也沒有什麼幫助。

不要被別人的情緒牽著自己的鼻子走，否則你只會步上他們的後塵；不管遭受到多麼不合理的待遇，能夠控制自己情緒的人，才有道理可言。

世間的是非只爲多開口，煩惱皆因強出頭，充滿自信的人因爲能控制自己的情緒，忍耐一時的衝動，因此人生旅程比暴躁易怒的人少了許多狂風暴雨侵襲。

面對強詞奪理，要懂得反唇相譏

碰到一些喜歡惡意諷刺、挖苦別人的人，為了維護自己的尊嚴，同時也給對方一個教訓，應該抓住他的謬誤要害，反過來進行反諷。

有種隱含假設式的誘問，是引人上鉤非常高明的手法。

一天，少年華盛頓家中丟了一匹馬，有人指證說是被附近的鄰居偷走了，於是，他請一位警官陪著去索討。但是，鄰居不肯歸還，聲稱那是自家的馬。

小華盛頓於是上前用雙手蒙住馬的眼睛，然後問偷馬的鄰居：「如果這馬是你的，請告訴我，馬的哪隻眼睛是瞎的？」

鄰居想了一下，猜測說：「右眼。」

小華盛頓放開右手，馬的右眼明亮有神，顯然沒有瞎。

「我說錯了，馬的左眼才是瞎的。」鄰居急忙改口辯解。

小華盛頓又放開左手，結果馬的左眼也是雪亮的。

這時，警官嚴厲的宣判道：「這樣一來，已經證明馬不是你的，你必須立刻把馬還給華盛頓先生。」

小華盛頓採用的隱含假設式誘問，問話中帶有圈套，才能出奇制勝，讓鄰居措手不及。

這種隱含假設式誘問，也常運用到談判或辯論當中，聰明的談判者和辯論者都會以此來戳穿對方的謊言。

另外，在論辯中，只要揭露對方依據是虛假的，那就如同蝕根倒樹一般，對手的論點很容易就會被推翻。

如果對方無理取鬧、強詞奪理，你也不可示弱，適當地運用一下也未嘗不可。

使用這種方法時，要承接對方的講話內容，以其中的語句做反擊，順序推倒對方的論點。

法國細菌學家巴斯德前往巴黎參加學術會議，旅館接待員安排他住在一個陰暗潮溼的小房間裡，因為他的衣著看起來不名門貴族，像老百姓一樣普通，行李箱又舊又簡單，因而被認定是個窮酸老頭。

巴斯德受此待遇很生氣。後來，那個接待員得知他是個名揚四海的大教授時，笑容可掬地向他道歉說：「我以為人的外表和他的聲名是成正比的，所以，我把您弄錯了，實在對不起……」

「不，我認為一個人外表和無知才是成正比的。」巴斯德不等他說完，立即反譏一句，羞得接待員面紅耳赤、無地自容。

巴斯德教授機智的反唇相識，無疑是用深刻的語言，點出對方以貌取人的勢利。反唇相識多是爲了批評自己看不慣的現象，諷刺和挖苦醜惡的行爲。

在一輛電車上，一位老太太上車後，發現車上已經沒有空位，只好站著忍受顛簸之苦。

此時，有位先生從座位上站起來，客氣地讓座，這位老太太泰然坐下之後，竟然吭都沒吭一聲。

鄰座一位先生對老太太不禮貌的行為很不滿，轉身問那位老太太：「老太太，您剛才說什麼呀？」

老太太覺得奇怪，莫名其妙地回答：「先生，我什麼話也沒說呀！」

那位先生立即致歉，說道：「喔？真是對不起，我還以為是您向這位讓座的先生說『謝謝』呢！」

話音一落，哄笑聲差點兒把車廂震破。老太太這才知道自己的無禮，感到很不好意思。

人們在日常交際中，常會碰到一些心術不正，喜歡惡意諷刺、挖苦別人的人。為了維護自己的尊嚴，同時也給對方一個教訓，應該抓住他的謬誤要害，反過來進行反諷，以下就是一例。

著名的童話作家安徒生一生極為勤儉樸實，平常喜愛戴一頂破舊的帽子在街上閒逛。某天，一個路人嘲笑他道：「你腦袋上的那個玩意兒是什麼東西，能算是頂帽子嗎？」

安徒生聽了後，毫不猶豫地狠狠回敬了一句：「你的帽子底下那個玩意兒是什麼東西？能算是個腦袋嗎？」

給小人一點點教訓

只要心態正確，再加上一點點的小技巧，你就可以在複雜的人際關係中，顯得從容自在，無往不利。

俗話說：「有理走遍天下，無理寸步難行」，話雖如此，但世界上卻不是每一個人都如此理性、願意講道理的。

遇到不願意講道理的人時，與其浪費寶貴的時間跟他爭執，倒不如換個角度，用智慧來解決，得到的效果可能遠比說破嘴還要好得多。

有一個富翁生性吝嗇，小氣到一毛不拔的地步。

這個富翁有一個兒子，正值該認字讀書的年紀，於是他便計劃聘請一位教書先生來教導他的兒子。

可是，每一個教書先生都教不了幾天就辭職了！因為，富翁訂了許多規矩，教書先生如果不遵循這些規矩，不但拿不到薪水，甚至還要被罰錢！

如此一傳十、十傳百之下，大家都知道富翁的吝嗇、刻薄作風，所以沒有人願意去富翁家教書。

這時，有一個曾經吃過虧的教書先生的弟弟，聽了哥哥的抱怨之後，便決定要給富翁一個教訓，於是，立刻到富翁家去應徵教書先生。

富翁看到竟然有人願意答應他苛刻的條件，心裡非常高興，但又怕口說無憑，所以要求教書先生寫一張合約，以茲證明。

這個教書先生二話不說，立刻拿起筆來，寫下：「無雞鴨亦可無魚肉亦可，青菜一碟足矣」的字樣。

富翁看完，認為是：「無雞鴨亦可，無魚肉亦可，青菜一碟足矣」，所以二話不說，很高興地就在合約上簽字了。

等到吃飯的時候，富翁便端出一碟青菜給教書先生下飯，這時教書先生不高興了，並且指責富翁違背合約。

富翁覺得很奇怪，便問教書先生自己哪裡違約了？

教書先生慢條斯理拿出合約，指著上面的文字說：「請你仔細看清楚，我的合約到底是怎麼寫的？」

富翁仔細一看，才發現合約上還有一些標點符號，原來整張合約是這樣寫的：「無雞，鴨亦可；無魚，肉亦可；青菜一碟，足矣。」

富翁雖然氣得咬牙切齒，但是也只好自認理虧，乖乖地付出賠償了。

雖然心存善念、爲人圓融是處事應有的態度，可是有的時候，面對蠻橫不講理的人，在言談之間使一些小手段也不失爲解決問題的好方法。

不妨學學故事中的教書先生，只要心態正確，再加上一點點的小技巧，你就可以在複雜的人際關係中，顯得從容自在，無往不利。

用對方的荒謬說法駁斥對方

人與人交涉之時，若是對方提出不合理的要求時，就要誘導對方陷入自相矛盾的狀況，使他走上一條自我否定的道路。

一九一七年的某一天，俄國詩人馬雅可夫斯基上街買生活用具的途中，聽到一個女人中傷布爾什維克（前蘇聯共產黨前身）：「布爾什維克是土匪，是強盜，他們殺人，放火，搶女人……」

馬雅可夫斯基聽了火冒三丈，決定加以反擊，於是大聲喊道：「抓住她，她昨天偷了我的錢！」

「你說什麼呀？」女人極力爭辯：「你搞錯了吧？」

「沒錯。」馬雅可夫斯基對圍觀的人群一本正經地說：「就是這個女人，偷了我二十五盧布。」

人們都對這個被指為竊賊的女人怒目相視，還有人對她吐口水。後來，人群漸漸散去，那女人淚流滿面地對馬雅可夫斯基說：「上帝可以作證，你瞧瞧我吧，我可是頭一次看見你呀！」

馬雅可夫斯基認真地說道：「妳不也一樣嗎？太太，妳才頭一回看見布爾什維克，怎麼就當街大罵起布爾什維克來了？我勸妳回家後，好好地想想剛才妳說過的話吧。」

馬雅可夫斯基擊倒那個以惡毒語言中傷布爾什維克的女人，用的是「請君入甕」的歸謬法。

他先以女人「布爾什維克是土匪」的論點爲前提，然後讓她自己否認「她昨天把我的錢袋偷走了」這個論點，她的理由是「我可是頭一次看見你」，如果她是小偷的話，則今天應該是第二次見面才對，所以她不是小偷。

同樣的，她「頭一次見到布爾什維克」，又怎能說「布爾什維克是土匪」呢？有什麼根據呢？馬雅可夫斯基把她的論點推演到非常明顯的荒謬結論，證明她說話的虛假性。

有一個大學生考上研究所之後，拋棄妻子，在新的生活圈子裡找戀人。面對同學們的批評，他狡辯說：「身分地位變了嘛，對從前的伴侶失去了感覺，所以為什麼不可以再尋找真正的愛情？」

一個同學針對他的論點「身分地位變了」提出反駁，說道：「如果一個人的身分地位變了，和從前的伴侶沒有了共同語言，從而也就失去了愛情的話，那麼，倘若你從碩士升到博士、副教授、教授的時候，不知該談多少次戀愛，尋找多少回『真正的愛情』了。」

還有一個更有趣的荒謬故事，也是運用這種原理。

從前一個吝嗇的地主叫家裡的長工去買酒，卻不給錢。

長工問：「老爺，沒有錢怎麼能買到酒呢？」

「花錢買酒誰不會？不用花錢就能買到酒，那才算有本事呢！」臉厚心黑的地主詭辯地說道。

於是，長工拿著空瓶去一位以機智聞名的書生那裡訴苦。

書生見他哭得可憐，認為這個地主小氣得太過荒唐，就給他出了個主意。

於是，長工笑嘻嘻地拿著空瓶回去，對地主說：「老爺，酒買來了，請老爺好好喝上兩盅吧！」

地主見仍是空瓶，裡頭根本沒有酒，便大發脾氣。

長工氣定神閒，笑著說：「酒瓶裡有酒誰不會喝？要是能從空瓶裡喝出酒來，那才叫有本事呢！」

書生教長工用歸謬法制伏了地主：如果他認爲「從空瓶裡喝出酒來」是荒謬的，那麼也就否定了自己「沒錢能買到酒」的荒謬說法。

人與人交涉之時，若是對方提出不合理的要求時，就要誘導對方陷入自相矛盾的狀況，使他走上一條自我否定的道路。

怎樣才能讓對方在誘導下，慢慢走上自我否定的道路呢？這就得在改變對方荒唐論斷的表達形式時，既讓他感到推論不合情理，又不能先讓對方察覺到是自己原本的觀點，才能讓他說出反對自己的話來。

舌頭比拳頭更好用

遇到蠻橫不講理的人，懂得運用說話的謀略和智慧，才是避免爭執，同時又能解決問題的好方法。

蘇聯有句諺語這麼說：「該用舌頭的地方，用拳頭並不能解決問題。」

許多日常生活中的實際例子都警惕我們，所有做出蠢事的人，都是在拳頭跑得比舌頭快的時候產生的，因此，做任何決定之前必須牢牢切記，許多事是舌頭可以巧妙解決的，想要教訓小人，又何必非得動用拳頭呢？

雖然大家都知道以禮待人是一種高尚的美德，可是，並不見得我們週遭的每個人都有這樣的修養。

遇到蠻橫不講理的人，對付他們最好的方法便是敬而遠之，如果真的無法避開，那麼只好運用見招拆招的說話智慧，使他們知難而退。

總而言之，硬碰硬絕對不是最好的辦法。

回教民族流傳著一則有趣的故事：阿凡提是村裡最聰明的人，專門幫助貧窮的村民，來對付村中壓榨窮人的富翁巴依。

巴依為了報復阿凡提，有一天，他把阿凡提叫到自己家裡，對他說：「阿凡提，大家都說你是最聰明的人，那麼請你猜猜我和我妻子下棋到底是誰輸誰贏？要是猜對了，我就給你一個元寶；要是猜錯了，我就要打你二十皮鞭。」

阿凡提考慮了一下，便答應了巴依的條件，於是當場找了一張紙，在上面寫著：「你贏她輸」四個字。

巴依雖然不明白阿凡提為什麼要寫給他看，但下棋時還是故意輸給了妻子。

巴依很得意地對阿凡提說：「你猜錯了，我要打你二十皮鞭！」

阿凡提笑笑地回答：「你錯了，我才是對的！」

說完之後，阿凡提在紙上加了幾筆，句子就變成：「你贏她？輸！」

巴依看完，無話可說，但他還是不服氣，要求再猜一盤。

阿凡提笑嘻嘻地答應了巴依的要求，也一樣在紙上寫著相同的四個字。這一次，是巴依贏了他的妻子，阿凡見狀便提在紙上加了兩筆，句子就變成了：「你贏，她輸！」

巴依非常生氣，對阿凡提說：「再猜最後一次！這次你要是猜對的話，我一定會把三個元寶全部送給你；如果猜錯了的話，那就別怪我手下無情了！」

阿凡提回答：「我可以答應你，不過你一定要說話算話。」

這一次，巴依故意和妻子下成平手。阿凡提不慌不忙地拿出答案給巴依看，上面寫著：「你贏？她輸？」

巴依想要報復阿凡提的詭計最終還是落空了，眼睜睜看著阿凡提高高興興地拿著三個元寶回家了。

俄國諷刺小說家克雷洛夫在提及說話的技巧時，曾經幽默地說過：「語言就像是一把剃刀，最鋒利的剃刀會幫你把臉刮得最乾淨，不過，你必須做到靈活地運用這把剃刀。」

對於蠻橫無理的人，不要一味強調自己的立場，應該避開雙方相持不下的情況，為自己找到了絕佳的出口。

懂得以巧妙的迂迴戰術避實就虛，用對方的邏輯來打敗對方，達到「罵人不帶髒字」的效果，正是聰明人獲得勝利的重要關鍵。

在日常生活中，每個人都有可能遇到像故事中的富翁巴依這樣，不講理又愛仗勢欺人的人。遇到這種人的時候，如果你也採取相同的態度來回應的話，等於是在跟自己嘔氣，結果只會造成兩敗俱傷。

所以，懂得運用說話的謀略和智慧，才是避免爭執，同時又能解決問題的好方法。學學阿凡提的智慧吧！

「拐彎罵人」比直言勸諫更有效

勸告必須是婉轉的，不要讓別人有「被指責」的感覺；轉個彎，換個方式，這樣的勸告才能達到效果。

談到說話的藝術，或許有人會不屑地說，說話根本沒有什麼困難，只要不是啞巴或是剛出生的孩子，誰都會說話。

的確，人人都會說話，然而，並不是每個人都能把話說得十分切題動聽，而且還要能說到重點，讓人心有戚戚焉。

沒有人喜歡聽到批評和指責，因此，在勸告別人的時候必須非常小心，不當的用字遣辭不但達不到勸導的效果，甚至還會傷害彼此的感情。

學習如何恰當地或技巧性地給予別人建議，無疑是一個人在建立良好的人際關係時，不可或缺的一環。

大家都知道，唐太宗李世民是一位賢明的君主，但是很少人知道唐太宗的元配長孫皇后，也是一個非常有說話智慧的女子。

有一天，唐太宗退朝回到寢宮，很生氣地對長孫皇后說：「我要是不殺掉這個可惡的莊稼漢，我的尊嚴遲早會蕩然無存！」

長孫皇后一聽，連忙詢問這個莊稼漢是誰？

唐太宗憤憤地回答說：「還會有誰？當然是魏徵那個傢伙！只有他敢在大庭廣眾下頂撞我，讓我下不了台。」

長孫皇后聽完唐太宗的話後，沒有說什麼，只是立刻換上皇后的正式宮服，然後站在庭院中，恭敬地向唐太宗行大禮。

唐太宗對長孫皇后的行為感到十分驚訝，便問皇后為什麼要這樣做。

長孫皇后婉轉地回答：「臣妾曾經聽說，只有英明的皇上，才會有正直的臣子。魏徵之所以如此正直，都是由於您的英明而造成的，既然如此，臣妾怎麼能不向皇上祝賀呢？」

唐太宗聽了長孫皇后的話，不僅怒氣全消，而且還反省了自己的過錯，不久之後，便將魏徵升為宰相了。

後來，魏徵因病過世，唐太宗為此感到悲慟不已，不但親自替魏徵送葬，還親筆為魏徵寫了碑文。

如果沒有聰明賢慧的長孫皇后以技巧性的言詞暗中幫襯，魏徵這個忠臣可能早就死在唐太宗的刀下了。

由長孫皇后的例子可知，勸告必須是婉轉的，因為如果長孫皇后跟魏徵一樣，採用直言進諫的方式，結果只會讓唐太宗更生氣，而且根本無法解決問題。

所以，想要勸告的時候，不要給別人有「被指責」的感覺，轉個彎，換個方式，這樣的勸告才能達到效果。

用場面話說出真心話

不用直接說出真心話，但可以話中有話。
巧妙地將自己真正想說的表達出來，
在場面話和真心話之間搭起一座橋樑。

掌握幽默的技巧，應對就沒煩惱

幽默能助長人際關係的發展。只要有好的出發點，掌握住幽默的技巧，就能成為受歡迎的人。

即使是生性嚴肅的德國人，在餐桌上都有講笑話的習慣。

和諧、輕鬆的氣氛，能讓人際關係處於一種舒緩狀態。幽默的說話方式能安撫人心，也可以是一種關心對方的方法；而稍微捉弄人的幽默，在不傷人的情況下，是一種可以爲沉悶場合增添活絡氣息的交際技巧。

只是「幽默」技巧的拿捏非常重要，否則一不小心，就有可能成爲諷刺、傷人的言語，太過「油嘴滑舌」的幽默則會變成譁衆取寵，令人厭惡。

美國作家馬克．吐溫的作品充滿幽默、風趣的韻味，因此被譽為「幽默大師」。他的幽默不僅表現在作品裡，生活中更常常見發生幽默趣事。

有一次，馬克．吐溫應邀到首都一所大學講課，由於路程遙遠，只能搭乘火車前往。可是搭上火車後，他覺得乘坐的火車開得像老牛車一樣慢，只能眼睜睜看著時間一分一秒地流逝。

這時候，剛好列車長走過來，對馬克．吐溫說：「您有車票嗎？可以借我看一下嗎？」

馬克．吐溫慌不忙地從衣袋裡掏出夠買一張兒童票的錢遞了過去：「我要買一張兒童票。」

列車長仔細打量了他之後說：「真有意思，我看不出您還是個孩子！」

馬克．吐溫聽完之後，像個孩子般淘氣地回答：「現在我已經不是孩子了，但我上車時還是個孩子。您要知道，這火車開得太慢了。」

由於馬克．吐溫的創作才華受到許多文學青年的傾慕，因此常常收到許多充滿抱負，立志當作家的人的來信，其中也不乏想成名卻又不想付出心血創作的年輕人，只想請馬克．吐溫告訴他成功的訣竅。

有一次，一封信中寫道：「我聽說鯨骨含有大量的磷，而磷對腦子非常補。看來成為一個大作家，一定要吃很多磷。那麼，請問您吃了多少鯨？吃的是什麼鯨呢？」

馬克．吐溫在回信中寫著：「很遺憾，我沒口福吃到鯨。至於你，看來恐怕得吃一頭鯨才行！」

某一年的愚人節，有人為了愚弄馬克．吐溫，就在紐約一家報紙上發表他已死亡的聲明。結果，馬克．吐溫的親戚朋友看到這個消息後，都從全國各地紛紛趕來弔喪。

當他們來到馬克．吐溫家的時候，見到他親自來應門，都嚇了一跳，接著齊聲譴責那家造謠的報紙。

馬克．吐溫卻毫無怒色，反而幽默地說：「報紙報導我的死訊是千真萬確的，不過把日期提前了一些。」

在社交場合裡，最引人注目的往往是那些幽默風趣的人。或許有的人生來就具有喜感，然而幽默感並全是天生的，也可以靠後天培養。

幽默是生活的調味料，它可以經由日積月累的智慧、人文、修養、道德，和應變能力等等多方因素逐步養成。若只是光說笑，而沒有運用聯想、雙關作用，就無法回味無窮。

幽默的目的雖然是引人發笑，但不能將自己的快樂建築在別人的痛苦上。有些人以取笑、捉弄別人來取悅衆人，一旦造成他人不悅，這就不是幽默的表現，眞正的幽默是不傷大雅的。

讓自己成爲一個幽默的人，幽默能助長人際關係的發展。只要有好的出發點，掌握住幽默的技巧，就能成爲受歡迎的人。

別讓負面的情緒影響自己

如果一個跌倒的人，能因為這次跌倒的經驗讓自己學會如何站得更穩，那麼跌倒將是成功的開始。

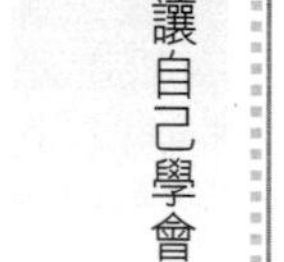

小仲馬的戲劇〈茶花女〉初演時受到熱烈歡迎，他將這個喜訊傳給當時流亡在布魯塞爾的大仲馬，說道：「成功，巨大的成功！就像我看到您的作品初上演所獲得的成功一樣……」

對於兒子在文學上的巨大成就，大仲馬既有父親的高興，又有同行的妒忌，於是他風趣地回答說：「我最好的作品就是你，我親愛的孩子！」

生活中難免會碰上一些引發自己負面情緒的事情，有些人會受到影響，讓不好的情緒繼續下去。但是，生活態度積極的人會選擇將負面情緒轉成正面，將失敗化爲勝利的開始。

有一個叫做湯姆的人，以捉弄別人為樂，看到對方因此氣得半死，他就非常有成就感。

有一天早晨，湯姆正在家門口吃麵包，忽然看見遠處有個身影，原來是傑克遜先生騎著毛驢走了過來。於是，他大喊：「喂，吃塊麵包吧！」

傑克遜聽了，趕忙從驢背上跳下來，有禮地回答說：「謝謝您的好意，我已經用過早餐了。」

沒想到湯姆竟然一本正經地說：「我又沒有問你，我問的是毛驢。」說完，就得意地笑了起來。

傑克遜以禮相待，卻反而遭到一頓侮辱，臉色不禁沉了下來。但是有修養的他，不想為了這種無賴而破口大罵，可是又想給對方一點教訓。

一想到湯姆是對著毛驢說話，傑克遜突然靈機一動，猛然轉過身，對準毛驢臉上「啪啪」地打了兩巴掌，罵道：「出門時我問你城裡有沒有朋友，你斬釘截鐵地說沒有，既然沒有朋友，為什麼人家會請你吃麵包呢？」

接著，他對著驢屁股又抽了兩鞭，說道：「看你以後還敢不敢胡說？」說完，就翻身上驢，揚長而去，留下愣在原地的湯姆。

有一次，大作家大仲馬收到一位青年的信，信裡提議兩人合寫一部小說。

大仲馬讀完信，認為對方未免太不自量力，便就在回信中尖銳地答覆道：「先生，您怎麼如此膽大包天，竟然想把一匹高貴的馬和一頭卑賤的驢子套在同一輛車上呢？」

過沒多久，年輕人也回了信，他說：「大仲馬先生，您怎麼如此膽大包天，竟然把我比作馬！」

原本，大仲馬是把這位青年比作驢子的，沒想到他如此機智又詼諧，竟然把馬「留」給自己，「讓」別人做驢，也因此大仲馬對他產生好感，馬上回信道：「請把文稿寄來，我的朋友，我很樂意接受您的建議。」

對於一個擺明找自己麻煩的人，即使說再多道理或責罵，也只是自討沒趣。

因此，傑克遜選擇抓住湯姆言語上的破綻，藉著教訓自己的驢子不該亂交朋友，反諷湯姆跟驢子是同類。

而想與大仲馬合作的青年，並不因爲大仲馬的回信就看輕自己，還反將了大仲馬一軍，藉機提高自己的身分。這樣的舉動反而激起大仲馬對他的賞識，得到了夢寐以求的合作機會。

受到他人的指責不用太過沮喪，只要想著對方其實是好心地指出自己的錯誤，用充滿感激的心情接受，就多了一次成長的機會。不讓負面的情緒影響自己，能反敗爲勝的人才是強者。

如果一個跌倒的人，因爲害怕再度跌倒就不肯站起來，那麼他的一生永遠只能坐在原地。相反的，若能因爲這次跌倒的經驗讓自己學會如何站得更穩，那麼跌倒將是成功的開始。

實際示範，才能留下深刻印象

言教不如身教，言語責備只是左耳進右耳出，文字也是今天讀完明天忘，唯有實際行動，才能讓人留下深刻印象。

一位從小移民的女孩，離開祖國多年仍然沒有忘記母語，這得歸功於她的母親。

她描述說，當時母親用盡辦法想讓兄妹兩人練習母語，但是他們只想講英語。直到有一天放學回家，他們想向媽媽要一些零錢買點心，可是不管怎麼說，媽媽都不理他們，他們覺得很奇怪，用所學過的語言都問了一次，母親還是不回應。直到他們改用那個快要被遺忘的母語，母親才從口袋掏出零錢。

傳達訊息的方法有很多種，但不管是用說的，還是用寫的，都比不上實際去做的影響來得大。

美國一位大學校長為了推動校園環境整潔運動，想出一個實際表演來作為這個活動的宣傳方式，結果收到很好的效果。

就在一次集會時，校長一臉嚴肅，頭戴方帽，身穿禮服登台，只講了幾句開場白就不再開口。

接著，他就從口袋裡掏出筆記簿不知道在寫些什麼，然後把筆記簿隨手丟在地上。然後又拿出一根香蕉，當著全校師生的面剝了皮就吃，吃完後還反手一扔，將香蕉皮丟在身後的地板上。

當全校學生看得一愣一愣時，校長接著還拿出糖果、花生往嘴裡塞，同樣也把包裝紙、花生殼往地上丟。最後竟然還嚼起口香糖來，吹了幾個泡泡後，把口香糖渣黏在講台的桌上。

就在學生不忍看下去時，校長終於再度開口：「各位同學，大家都已經看得很清楚了。從現在起，我們共同維護校園的整潔吧！報告完畢。」

《少年維特的煩惱》一書作者歌德經常出門到處旅行。有一次，他走進一家酒館，看見幾個年輕人在那裡喝酒、大聲嬉鬧，根本沒有注意自己的行為是否會影響到其他客人。

見到這種不文明的野蠻行為，歌德心裡十分反感。於是，他向酒保要了一杯酒和一杯水，故意走到那群年輕人的身旁，在他們面前就把水往酒裡倒。

其中一位正在喝酒的年輕人注意到歌德在酒裡摻水的行為，大感疑惑，就好奇地問：「親愛的先生，請問您為什麼要在這麼好的酒裡摻水呢？」

歌德嚴肅地解釋說：「若說光喝水會使人變啞，那池塘裡的魚兒就是最好的證明；若說光喝酒會使人變傻，那些藉酒裝瘋、酗酒鬧事的人們就是最好的證明。我不願變啞也不想變傻，所以喝酒時總要摻些水。」

那群年輕人聽到歌德這樣說，都羞紅了臉，立刻安靜下來。

很多人習慣將手中的垃圾隨手一放，可能扔地上、公共電話亭、花圃裡、路邊車子的菜籃中……這種舉動很多時候只是圖一時的方便，並非惡意破壞環境。因此，有這種習慣的人，親眼看到校長「表演」的誇張行動劇時，也會覺得難以入目，進而反省自己的行爲。

一群年輕人在公共場合聚會，很容易因爲玩過頭而不自覺地過於喧鬧。若是當場指責他們，除了會破壞雙方興致，也讓人覺得難堪。尤其是年輕氣盛的人，叛逆心比較強，若是不服責備，行爲舉止反而會變本加厲。此時，倒不如採下「行動」的誘餌，讓他們自己上鉤，進而發現錯誤。

言教不如身教，「親身示範」能帶給人們最直接的影響力。對於自我控制力不足的人而言，言語責備只是左耳進右耳出，文字也是今天讀完明天忘，都沒有確切的效用。唯有實際行動，才能讓人留下深刻印象。

用場面話說出真心話

不用直接說出真心話，但可以話中有話。巧妙地將自己真正想說的表達出來，在場面話和真心話之間搭起一座橋樑。

偉大的劇作家莎士比亞曾說過：「閃亮的東西，並不都是金子；動聽的語言，並不都是好話。」

有時候在不得已的情況下，例如爲使氣氛保持和諧，或者礙於對方與自己的交情，甚至只爲了保持自己的形象，人們常會說出一些違背自己本意的話。

這個社會裡，要在對自己最有利的環境下生存，就必須學會說適當的場面話，只是要注意的是，得在場面話之中帶點眞心。

因爲，過度浮誇的場面話只會讓人覺得虛僞，太多的眞心話則會刺傷人。必須會看時機，試著將場面話和真心話連結起來，並且學會拿捏的技巧，才能有效又婉轉地傳達自己真正的心意。

有一個貴婦人，雖然已經年過半百，還是每天用心梳妝打扮，想讓自己看起來更年輕。她常常花很多時間對著鏡子顧影自憐，就希望人家讚美她還很年輕，可是卻未曾如願。

在一次聚會場合，她遇見了大文豪蕭伯納，寒暄之後，便問：「蕭伯納先生，您覺得我看起來幾歲了？」

「親愛的女士，看您皓潔的牙齒，只有十八歲；看您蓬鬆的捲髮，看上去不會超過十九歲；看您忸怩的姿態和那塗滿胭脂的紅紅臉蛋，頂多十四歲吧！」蕭伯納一本正經地說。

貴婦人一聽真是喜出望外，從來沒有人說過她如此年輕。

她一點也不懷疑蕭伯納的話，甚至還一個勁地追問：「那麼，先生，您看我到底像多大年紀？」

蕭伯納見她這麼不知趣，便說：「要知道幾歲，只要把剛才說的三個數字加起來，十八加十九再加十四，您應該是……五十一歲！」

王大嫂是個喜愛他人巴結奉承的人，如果沒有讚美她幾句，就休想從她身上獲得任何好處。

有一天，一個賣罐子的商人經過王大嫂門前，因為有點口渴，便想向她討碗水喝。他知道王大嫂的個性，不誇她幾句，自己連一口水也別想喝到，就說：「嫂子像十七、十八、二十五歲的姑娘，猶如三月蘿蔔有水色，葉裡梅花入圖畫。」

王大嫂一聽對方讚賞自己年輕貌美，心花朵朵開，連忙把他請了進來，又是泡茶又是遞煙，還為他做了兩個荷包蛋。

到了傍晚，丈夫才踏進家門，王大嫂便迫不及待地將這事告訴他。丈夫聽了，不禁笑道：「人家是挖苦妳，妳還在那兒窮開心！十七、十八、二十五，加起來就是六十歲，年輕嗎？三月蘿蔔是筋多，葉裡梅花成了梅子，一副酸相，美嗎？」

在一個團體中，我們內心裡難免會有一些和衆人牴觸的聲音，但雖然不一定喜歡大團體的決定，卻又無法順從內心的聲音，提出相反意見。此時說也不是，不說也不是，兩股力量在自己心裡面拉鋸著。

蕭伯納爲了顧及對方面子，賣罐子的商人爲了自己解渴，都沒有直接說出眞心話，但卻是話中有話，巧妙地將自己眞正想說的表達出來。

這些場面話，倘若被稱讚者沒有發現語言背後的眞正涵義，倒也是一件美事，是另一種「善意的謊言」。

說場面話雖然可以讓自己較受歡迎，但是，卻得備嚐身不由己的辛苦。明明心裡不這麼想，甚至是強烈反對，卻會爲了顧全場面，被迫做出接受他人的請求、買下推銷商品、說些順從話等等行爲。

然而，若想勇敢做自己，說出自己眞正想說的話，雖然能免掉那些困擾，卻可能被貼上不通人情的標籤，甚至替自己惹來無謂的禍端。

遇到這種狀況，最好的方法就是在場面話和眞心話之間搭一座橋樑，讓每個人都能舒服且安全的走過。

或許，橋面上的漂亮燈飾很迷人，但是透過燈光所看到的世界卻十分模糊；就像用場面話掩蓋眞心話，就能使言語漂亮動聽，但又能隱約傳達內心本意。

站在對方角度，更易達成目的

多站在別人的角度設想，除了讓對方產生好感外，也能替自己加分。多為別人設想，其實也就是為自己著想。

美國著名的經濟學教授暨投資經理人理查德．塔勒曾經這麼說：「在商業戰場上，最容易犯錯而導致失敗的，是那些僅僅根據自己的想法行動，不知道為消費者設想的經營者。」

在交通混亂、停車困難的時代，速食店爲了解決開車族的困擾，設計出「得來速」之類的快速點餐車道。這項貼心的設計，不但解決了開車族的困擾，也爲公司賺進額外的收入。

原本可能因爲停車問題而放棄購買的顧客，也會因爲點餐方便而增加購買的次數。

只要能多替別人設想，不管做法是否讓人接受，至少對方不會產生厭惡與排斥感。而且，一個體貼的做法，除了使對方感激外，還可以達到所要的目的，可以說是一舉兩得。

蕭伯納晚年時，行動已經不大方便了。

有一次他在街上行走的時候，突然被一個騎自行車的人從後面撞到，蕭伯納當場跌倒在地。

那個人趕忙下車，小心地把蕭伯納慢慢扶起，並且非常內疚地說：「真的很對不起，發生了這樣不幸的事。」

他原本以為會受到老人一番責罵，沒想到老人卻說：「不，先生，您比我更不幸。要是您再加把勁，那就可以成為撞死蕭伯納而『名垂青史』的人了。」

查理斯．史考勃是一家鋼鐵廠的老闆。

有一天午休時間，他到工廠巡視，結果在某個廠房看到幾個工人正抽著煙，而在他們的頭頂上，正好有一塊大招牌，上面清清楚楚地寫著「嚴禁吸煙」。

史考特見狀雖然心裡不高興，但是沒說什麼，仍然微笑著向他們走過去，友好地遞給他們幾根雪茄，並且說道：「諸位，如果你們能到外面抽這些雪茄，我會感激不盡。」

吸煙的工人們反而感到不好意思，一個個將香煙熄滅，並且從此對史考特充滿好感和尊敬之情。

很多時候，失誤並非故意造成的，若因爲這樣就破口大罵，很容易打擊對方的信心，也有可能讓對方惱羞成怒，反過來加害自己。

蕭伯納的幽默不僅沖淡自己的痛苦，也讓撞倒他的人心裡不會太難受。

查理斯·史考勃則用充滿人情味的方式，讓人樂於接受他的批評，不但使屬下知道自己觸犯了規則，也喜於和他共事。相反的，如果他直接指著那塊牌子大罵說：「難道你們都是文盲嗎？」只會造成工人們憎恨他，同樣的事件日後必定會繼續出現。

當我們批評一個人的時候，也要適度地爲他設想。批評是希望他能改進缺點、表現更好，而不是要傷害他的自尊心，讓他無地自容，因爲這樣只會抹殺自己原來的好意，也會摧毀與他人可能建立起的感情。

當我們處理一件事情，可以多站在別人的角度設想時，除了讓對方產生好感外，也能替自己加分。

多爲別人設想，其實也就是爲自己著想。

坦然面對弱點，就可以「不要臉」

坦然面對自己的弱點，因為愈是逃避，想掩飾的地方就愈是明顯表露，倒不如接受自己的弱點，輕鬆面對它。

老王的頭髮年輕時就已經花白了，只剩下髮際之處隱隱約約還勉強可見一點點黑色素存在。他常拿自己滿頭的銀髮開玩笑，要同輩必須尊稱他一聲「大哥」，絲毫不因少年白而有任何困擾。

和老王有同樣處境的小李就不同了。

他非常在意自己的一頭白髮，只要一看見白髮就馬上染髮，但偏偏他又是過敏體質，每染一次頭髮就必須上一次醫院。爲了幾根白髮，小李每天都愁眉苦臉，就連出門也不自覺地遮遮掩掩。

眞正聰明的人，能笑談自如地面對自己的弱點，面對自己內心最脆弱的地方，因爲他們明白越是遮掩，缺點越是明顯，所以與其掩飾弱點，不如大大方方地承認它的存在。

有一位名叫貝爾的作家，平日就對政治家們頗有成見，從來不願和這些人來往。然而在一次聚會上，受了友人之託，不得不硬著頭皮介紹一位官員。

貝爾說：「我應邀來介紹這樣一個人，此人因正直而受人尊敬，因仁慈而受人愛戴，因勇敢而受人欽佩。」他停了一下，又說：「這樣一個領袖，一個有遠見的人、卓越的協調者、偉大的政治家，可惜他可能沒有來！」

在場所有人聽到最後一句，統統愣住了，尷尬的目光一下子集中到這位官員身上。只見這位官員居然面不改色地站起來，微笑著走向講台。

「諸位，」他說：「貝爾先生已經把我介紹得很詳細了，我沒有什麼可補充的。不過，需要更正的是，我來了。因為他說我勇敢，我就來打腫臉充胖子吧。」

台下觀眾頓時報以熱烈掌聲，對於他的風趣和勇氣讚賞不已。

為了促使電力供應行業的董事們團結起來，成立更大的部門，迪克．史密斯特地前往遊說。

他事先就知道自己不受歡迎，多數人對這次合併提案抱著不屑一顧的態度，因此在演說開始之前，他就先講了一個故事：

「今天一大早，我就離開威靈頓的家。當我抵達機場時天還未亮，到處一片漆黑，機場內外空無一人。檢查完票後進入機艙，我感到迷惑不解，因為我連一個旅客也沒看到。當我正覺得奇怪，心裡想著是不是出了問題時，一位空中小姐出現了。『其他旅客們都在哪兒？』我問道。她聳了聳肩說：『全都在這兒了。』於是我孤零零地坐在那兒，暗自想道：『我知道我不受歡迎……但也不至於這樣啊！』」

董事長們聽完這個故事，都忍不住笑了起來。因為這番話，對史密斯的抵抗情緒也消失了。

因爲別人給予負分評價，就膽怯退縮、不敢往前跨出一步，便永遠沒有成功的機會。政客、遊說者常給人油嘴滑舌、說話不實在的形象，可是他們卻有辦法一直生存下去，追根究底就是因爲他們「不要臉」。

他們能夠坦然面對人們厭惡的眼光，以幽默的方式傳達理念，這也是一種風度的表現，讓人們得以自然而然地接受。

一般人就是因爲「太愛惜自己的臉」，擔心別人的眼光，而無法誠實面對自己。如果我們能坦然面對自己的弱點，有時候甚至可以試著享受一下「不要臉」的滋味。

並非不去注意自己的弱點，就能化解不想面對的部分。愈是逃避，想掩飾的地方就愈是明顯表露，倒不如接受自己的弱點，輕鬆面對它。

尊重專業，才會有美麗的世界

與人往來時，可以發表自己的想法，但是不要過度干涉。我們應該尊重他人的知識，懂得欣賞，進而接受它。

一位能補捉傳神畫面的攝影師，不一定能畫出一幅美麗的圖畫；一個歌聲優美的歌手，不見得能奏出動人心絃的樂章；一位專業的裁縫師，可能不懂得如何將絲線紡成一塊布。

所謂隔行如隔山，在專業的領域中，業餘人士只能欣賞、提供意見，但是無法替代專業。許多擁有高超評審眼光的「老師」，可以評估、判斷、欣賞、看透一件作品，卻無法製作。

因此，對於自己不熟悉的領域，有多少本事就說多少話，不要假裝專業強行插手，因爲這樣只會造成眞正專業人士的困擾，自己也會因爲一知半解的錯誤理論而貽笑大方。

有一次，法國大文豪大仲馬到一家德國餐廳用餐。他久聞德國蘑菇非常好吃，想品嚐看看，於是叫來服務生，比手畫腳地講了一些法語和簡單的德語，但服務生就是不懂他的意思。

在求助無門的情況下，他突然靈機一動，要來紙筆，仔細地又畫又塗，終於畫好一朵蘑菇，交給服務生。服務生一看，立即「會意」了，興奮地點點頭，快速向廚房走去。

過了一會兒，就見到服務生氣喘吁吁地奔到大仲馬身旁，手裡什麼也沒端，卻拿著一把雨傘，高興地說：「先生，您需要的東西，我替您找來了。」

大仲馬只好哭笑不得地道謝收下。

提起筆來，就能夠將文字運用得精練傳神的大仲馬，即使是拿著同一枝筆，卻畫不出同樣「傳神」的蘑菇，甚至被誤認爲是雨傘。因爲，不同的圖畫筆觸，會呈現出不同的效果，只有會畫畫的人才能夠精細拿捏其中的技巧。

從事設計方面的工作者，通常會問客人希望傳達出怎樣的訊息，再以他們專業的知識和技能，創造出可以帶給人們如此感受的作品。可是通常爲這些工作者帶來困擾的，也是給他們一口飯吃的客戶。雖然客戶的意見要聽，但是涉及專業領域時，過多的意見只會阻擾作業，讓進度緩慢。而且，硬性的修改，還會造成不協調的成品，美麗的作品反而被改得四不像。

人與人的交流中，有互相觸及的領域，也有完全沒有關聯的地方，不必爲了迎合彼此而改變自己或他人的喜好與想法，硬讓雙方持有相同的意見。

與人往來時，可以發表自己的想法，但是不要過度干涉。我們應該尊重他人的知識，懂得欣賞，進而接受它。

拋開優越意識，才能輕鬆度日

他們眼中只能看見自己，因此受了一點傷就如臨大敵，與人交往只怕對方配不上自己。如此，會活得比他人辛苦。

《沉思與箴言》的作者，法國思想家拉羅什富科曾經說過：「以為沒有別人，自己仍是什麼都行的想法，是非常錯誤的；以為沒有自己，別人就什麼都不行，那更加錯誤。」

太過重視自我的人，往往認爲自己比任何人都還重要，所有事情都該爲他而做。也因此，只要自己發生一點小事情，就覺得整個世界快要毀滅。

生活中常常覺得痛苦、不滿足的人，往往有過多的自我意識。

這類渴望衆人眼光的人，一旦目光不集中在他身上，就如同失去了表演舞台而不斷拚命爭寵。

有一位英國公爵，走路時不小心撞到桌角，手肘擦破了點皮，為了慎重起見，就請著名外科醫生撒繆爾·夏普來家中治療。夏普看完傷口，立即喚來僕人，吩咐他趕快跑去藥房取藥。

公爵看到醫生凝重的神色，嚇得臉都白了。他緊張萬分地問夏普：「我的傷口看來很危險吧？」

「是的，如果您的僕人不跑快一點的話，那麼我擔心……」

「傷勢惡化！」

「不，我擔心，在他回來之前，您的傷口已經癒合了。」

德國大哲學家康德某天在街上閒逛，正巧遇到一位友人，那時他正同一位漂亮又有氣質的女孩告別，兩人臉上都流露出戀戀不捨的神情。

康德指著走遠的女孩問友人：「那位是您的未婚妻嗎？」

友人回答道：「是的。您對於我的選擇感到驚訝嗎？」

康德趕忙微笑說：「不不！對您的選擇我不感到驚訝。」停頓了一下，他接著說：「令我驚訝的是她的選擇。」

像公爵那樣小題大做的人在現代社會越來越多，甚至有學生因爲擠青春痘流血而叫救護車的事件發生。

這樣的人不是生活常識不足，就是經不起任何打擊的膽小鬼。與膽小鬼一樣糟糕的，就是「自以爲高貴」的人。

由康德友人的回答中可以看出，他是一個自視甚高的傢伙。這種人通常不會反省自己，眼裡只有「我」，看不到其他人。

也因此，當康德問他問題時，他直覺只想到：「是不是這個女孩配不上我？」從來沒想過自己是否配得上對方。

不論是公爵還是康德的友人，其實都是同一種類型的人。他們眼中只看得見自己，認爲自己比別人重要、優秀，因此受了一點傷就如臨大敵，與人交往只怕對方配不上自己。

每個人的本質都差不多，但因爲「自我意識」多寡的差別，有些人趨於自大，也些人過於自卑。在生活中緊抱著「自我意識」的人，若不懂得拋棄這種沒用的想法，會活得比他人辛苦。

如何用妙語
讓自己脫離窘境

幽默可以出奇制勝，
「罵人不帶髒字」的方式運用得當，
往往能收到直言不諱難以達到的效果。

如何用妙語讓自己脫離窘境

幽默可以出奇制勝，「罵人不帶髒字」的方式運用得當，往往能收到直言不諱難以達到的效果。

作家巴克斯特曾經說過：「當你無法使所有東西都保持乾淨的時候，也不必硬要弄髒任何東西。」

這句話告訴我們，不得不開口罵人的時候，不一定要口出惡言，因爲，最厲害的罵人方式，是只說幾句乾淨的話，卻能讓它發揮最「髒」的功用。

蕭伯納是英國著名幽默作家，他年輕時遇事十分膽怯，後來以不怕出醜學溜冰的精神練習演講和辯論，終於口才便給，成為聞名於世的演說家。

有一次，他寫的新劇本《武器與人》首次演出獲得成功。劇終落幕時，許多觀眾要蕭伯納上台，接受大家的祝賀。

可是，當他走上舞台之時，突然有個人衝到台上對他大吼大叫：「蕭伯納，你的劇本太糟了！誰要看這個爛戲，趕快收回去，停演吧！」

面對這個突如其來的狀況，觀眾大吃一驚，以為蕭伯納準會氣得渾身發抖，憤怒地回敬這個無禮的挑釁者。

誰知，蕭伯納非但沒生氣，反而彬彬有禮地向那個人深深地鞠了一躬，笑容滿面地說：「我的朋友，你說得很對，我完全贊同你的意見，但遺憾的是，我們兩個反對這麼多觀眾有什麼用呢？我們倆能禁止這個劇本的演出嗎？」

這番話使得全場的哄堂大笑，緊接著觀衆報以如雷的熱烈掌聲。在掌聲中，那個挑釁者只好悻悻然地溜走了……

倘若蕭伯納直言對抗，儘管靠著舌燦蓮花的口才也能取勝，但絕不可能獲得如此有力的奇妙效果。幽默可以出奇制勝，「罵人不帶髒字」的方式運用得當，往往能收到直言不諱難以達到的效果。

如何用幽默來「笑」自己

在公共場合，萬一不留心說錯了一句話或做錯了一件事，難免出現令人尷尬的場面，不過，你大可不必掩飾自己的過失，不妨放鬆心情調侃自己一番。

能夠靈活運用說話的藝術，人與人之間就可以在融洽的氣氛中，彼此交流想法和看法。有時候，你和某些人並沒有交集點，但是，高明的說話技巧卻可以讓彼此敞開胸懷，搭起友誼的橋樑。

大家都知道這個道理，但要如何才能訓練自己成爲一個說話高手，建立起更和諧、更廣泛的人際關係呢？

答案是要先學會克制自己易怒的情緒，不說可能傷害別人的話語，遇到尷尬狀況也要懂得機智替自己和別人解圍。

艾森豪總統在第二次世界大戰期間擔任歐洲戰場盟軍總司令。

有一次，他前往亞堔附近視察部隊，在雨中對士兵們講了一番激勵士氣的話語，獲得在場官兵熱烈鼓掌。

然而，當他昂首闊步從講台上走下來之時，卻一不小心摔倒在泥漿裡，士兵們不禁哄然大笑。

艾森豪狼狽地從泥漿裡爬起來後，對於士兵們的訕笑並沒有惱羞成怒，反而幽默地調侃說：「剛才，泥漿告訴我，我這次視察相當成功，因為，我為美國士兵帶來了不錯的娛樂效果。」

就這樣，艾森豪靠著幽默風趣化解了自己的尷尬。

幽默風趣是自信和睿智的表現，同時也是一個人的思想、學識、智慧、靈感在語言中的反映。

有一位小姐想在自己的生日舞會上給親朋好友留下一個難忘的印象，但由於心情激奮，加上新買的長裙有點過長，所以跳舞的時候鞋後跟絆住了裙子，自己跌跌撞撞地摔了一跤，陪她跳舞的男士也被連帶著摔倒在地。

當她面紅耳赤、羞赧難當之時，只見那位男士輕鬆地說：「沒關係，我不曉得原來妳會玩多米諾骨牌！」

那位男士這番輕鬆的話語，既緩和了尷尬的場面，也使在場的人對他留下了幽默風趣的好印象。

但幽默的具體運用並非易事，幽默構成的方式很多，主要有：自我嘲諷、張冠李戴、旁敲側擊、順水推舟、諧音雙關、借題發揮……等，必須用得巧，才能收到奇妙的效果。

在公共場合，萬一不留心說錯了一句話或做錯了一件事，難免出現令人尷尬的場面。這時，闖了禍的你肯定會有些侷促、緊張、惶恐。

不過，你大可不必掩飾自己的過失，更用不著轉移目標，不妨放鬆心情調侃自己一番，或是說一個有關過失的小笑話就行了。

千萬要記住：一句幽默的話語，有時會發揮莫大的作用。

說話含糊會使你作繭自縛

我們與人交談時應該注意，答話時千萬別含糊，否則容易產生誤會，萬一你無法自圓其說，必定陷入窘境，任何說話技巧都無濟於事。

文藝復興時期的藝術大師米開朗基羅，在為教皇朱理二世繪製宮廷的天頂畫時，朱理二世曾要求他必須將聖徒和先們身上的衣服畫得高貴華麗一些。

米開朗基羅對這項要求十分不以為然，但是又不便當面得罪教皇，於是，半開玩笑地說：「您知道的，他們原本就是窮人嘛，何必硬要他們裝闊？」

後來，當他開始製作壁畫時，教皇又派人傳話，要他修改壁畫上的人物。

米開朗基羅這次再也按捺不住了，以平靜的語氣對傳話的人說道：「你回去轉告教皇，修改壁畫是一件小事，用不著他老人家那麼操心，還是請他老人家把心思用在如何把這個世界修改得好一點吧！」

我們與人交談時應該注意，答話時千萬別含糊不清，否則很容易產生誤會，萬一你無法自圓其說，必定陷入窘境，任何說話技巧都無濟於事。

所以，說話要把握主旨和邏輯，要把話說得恰到好處，以免言談有失，授人把柄，甚至作繭自縛。這是避免錯誤，擺脫窘境的根本方法。

假如朋友或同事在公開場合責備你，而情況與事實又有出入，這肯定使你難堪。這時，你該怎麼辦呢？

你應該心平氣和地直言：「我們是否私下談談？我想請你調查清楚了再說話。不然，我以後很難和你相處。」

倘若親友無緣無故責備你，你也應該明確地跟他說：「你讓我十分難堪，請你告訴我這是爲什麼？我哪裡得罪你了？」

當然，假使是你自己做錯了事，哪怕是無意的，也要誠懇道歉。這就是明辨事理，直言不諱，這才是擺脫窘境的方法。

幽默的人比較容易成功

温暖人心的言行，能使人們感到心情舒暢和愉快，感受到生活的美好。想要促進家人相親相愛，不妨用那些飽含關懷和愛護的幽默力量來試試。

語言是人類交流的工具，人與人之間交往和溝通，都不可能離開語言。語言，可以說是人們表現自己、交流思想，並將喜怒哀樂等等複雜的情緒與情感傳遞出來的最佳方法。

在這個競爭劇烈的時代，每個想要成功的人莫不絞盡腦汁營造自己的形象，增強自己的人際脈絡，會不會說打動人心的話，更是成敗的分水嶺。

在關鍵的場合說話，就必須懂得說機智風趣的話，讓別人留下深刻的印象。此外，平常和別人交談也不能出口成「髒」，一副沒知識、沒水準的老粗模樣；

要是狗嘴吐不出象牙，那就很難有冒出頭的日子。

一九九〇年，大陸中央電視台春節聯歡晚會上，剛從台灣轉往中國大陸發展的明星凌峰，面對中國電視觀眾說：「我這副長相很對不起觀眾，有時上街都得準備點零錢，以防有損市容被罰款。」

還有一次，他調侃自己說：「我是一個中國人，大家不要嫌我醜，我的祖國久經滄桑，它的印象就印在我的臉上。」

談吐富有幽默感，往往有助於事業的成功，譬如，到中國大陸開創演藝生涯第二春的凌峰，就是最好的例子。

如果他在春節聯歡晚會上，只是禮節性地對中國電視觀眾說幾句客套的話，以他的年紀、長相，都難以讓人留下深刻的記憶，或許過不多久觀眾就淡忘他了。可是，他當著全國的電視觀眾面前瀟灑地幽自己一默，使人們至今回想起來還是那麼難忘。

由此，我們可以得知，說話具有幽默感的人比較容易獲得成功。

幽默感也會親朋好友之間的聚會顯得氣氛活躍。溫暖人心的幽默言行，能使週遭的人感到心情舒暢愉快，感受到生活的美好。

想要促進家人相親相愛，不妨用那些飽含關懷和愛護的幽默力量來試試，這種力量具有溫暖、親和的作用。

例如，英國首相邱吉爾在談到自己的夫人時，就曾說：「我覺得一生中最爲輝煌的時刻，是我說服我的妻子嫁給我。」

他的太太聽到這番話，心中的甜蜜滋味自然不言可喻。

轉個話題可以化解僵局

洽談生意、聯繫工作隨時可能陷入僵局，只要還有轉圜餘地，就應該試著提出新話題。

保持洽當的應對進退，是說話辦事之時應該注意的社交禮儀。

不管在日常生活或是工作場合，千萬不要只想到突顯自己而不考慮別人，這是維持良好人際關係最重要的準則。

只要我們的行爲得體，我們就能讓別人喜歡我們。

有一天，著名的肖像畫家斯圖爾特和名將「輕騎哈里」李將軍在一起聊天。聊著聊著，斯圖爾特不經意地批評華盛頓總統的脾氣很暴躁。

幾天之後，李將軍和華盛頓總統夫婦一起用餐，閒談之間便把斯圖爾特的話說了出來。

華盛頓夫人聽了相當不悅，滿臉通紅地罵說：「這個該死的斯圖爾特！他必須為這些話付出代價。」

李將軍見到自己不經意的一番話惹得總統夫人不高興，氣氛十分尷尬，連忙話鋒一轉：「不過，斯圖爾特認為，總統非常善於控制自己的脾氣。」

話才一說完，只見一直繃著撲克臉的華盛頓總統終於露出笑容：「嗯，他說得倒是不錯！」

俗話說：「話不投機半句多」。當你和朋友之間的談話陷入窘境時，不妨試著轉換話題，特別是提出對方感興趣的話題恭維一番，就會使談話很快恢復正常，使氣氛活躍起來。

話不投機還有一種情況，就是有人有意或無意地拿別人的缺陷或痛處開玩笑，讓談話氣氛陷入尷尬。

例如，某人脫髮情形相當嚴重，快變成禿頭了，有人挖苦他是「電燈泡」、

「不毛之地」。在這種情況下，他若是幽默地一笑置之並說：「這證明我是『絕頂』聰明！」這樣答覆，話題未轉，內容卻轉折了，既表現出豁然大度，又擺脫了窘境。

話不投機的另一種情況是在交涉、談判中雙方意見對立，儘管談不攏，但問題還要解決，不能迴避。

這種情況，就需要迂迴側擊，才能曲徑通幽。

洽談生意、聯繫工作隨時可能陷入僵局，只要還有轉圜餘地，就應該試著提出新話題。遇到窘境的時候，轉移話題或許能開闢新的途徑。

裝腔作勢不如裝聾作啞

裝腔作勢反而會暴露缺點，還不如裝聾作啞，暗中使勁。在某些場合，對於某些難以回答而又不好迴避的問題，你可以含糊其辭，模稜兩可。

在某種勾心鬥角的場合，如果處境對自己不利卻又無計可施，什麼也不能表示，那就索性裝聾作啞，避免落入對方設計的圈套。

一九四五年七月，二次大戰末期，美、英、蘇三大國首腦在波茨坦進行會談。有一次休息之時，美國總統杜魯門故意對蘇聯首腦史達林透露，美國已經研製出一種威力極大的炸彈，暗示美國已有原子彈。

這時，邱吉爾也兩眼直盯著史達林，想觀察他的反應。然而，史達林卻故意裝作好像什麼也沒聽見似的，並未顯露出絲毫訝異或緊張的表情。

其實，史達林聽得很清楚，當然也聽出了杜魯門的弦外之音，內心焦灼不安。因為，會後他立即告訴外交部長莫洛托夫說：「加快我們的研製進度。」

一個人面臨這種窘境，裝腔作勢反而會暴露缺點，還不如裝聾作啞，暗中使勁。

在某些場合，尤其是社交和外交場合，對於某些難以回答而又不好迴避的問題，你可以含糊其辭，模稜兩可，作隱晦籠統的回答，如「可能是這樣」，「我也不太瞭解」等等，既擺脫了對方的糾纏，又給自己留下迴旋餘地。

再如有人和你因爲某事爭執不下，而又鄙視你說：「你懂什麼？跟你爭論簡直是對牛彈琴！」你可立即接引起來回敬對方：「對！牛彈琴。」

這種直接的反唇相譏的方法常常見到，但總有爭辯之嫌，效果不如幽默好。

要想做到巧問巧答，最根本的是掌握說話的藝術，從實際情況出發，運用得當才能化險爲夷。

試著運用「激將法」

所謂「激將」，就是指激發別人的勇氣，提升別人的情操。善於處理人際關係的領導人，經常用激將法來達到自己的目的。

有家餐廳為了招攬客人上門，在經營策略上想出一個前所未聞的奇招——取消所有菜單的定價，讓顧客憑自由心證自己訂價，自行決定應該付多少錢。

有人不禁會問，一旦由顧客憑著自由心證，自行定價付費，餐廳還會賺錢嗎？

答案是：會，而且賺得更多。

這家與眾不同的餐廳在當地引起了極大迴響，每天總有許多好奇的顧客上門，生意日日興隆。

當然，這種做法難免會有某些顧客吃白吃白喝，但大多數光顧者是有自尊心的，不會做出不光彩的事來，相反的，還有高額付款以示闊氣的。

對於極少數幾個人白吃白喝，老闆只是微微一笑，含蓄地說一聲：「上帝祝福你早日發財。」

俗話說：「請將不如激將」，這家美國餐廳這種經營模式，實際上是一種另類的「激將法」。顧客爲了顯示自己坦蕩、闊綽，或是擔心別人說自己小氣，寧願多付一些餐款，也不願在別人面前丟臉。

所謂「激將」，就是指利用人內心的優越感，激發別人的勇氣，提升別人的情操。

善於處理人際關係的領導人，不會動輒斥罵部屬，而是經常用激將法來達到自己的目的。

同樣是爲了鼓起員工幹勁，採用激將法就比責罵、壓制有效得多，並且不會造成上下級關係緊張。如果你是一位聰明的領導人，何樂而不爲呢？

激發對方的優越心理

每個人都希望「站在比別人更優越的地位上」，或「自己被當成重要的人物」，這種潛在心理就是優越的心理。

某家鑄造廠的業績始終低迷不振，員工工作沒幹勁，不是曠職就是遲到早退，交貨總是延誤，而且品質低劣，使消費者抱怨連連。

雖然，經營者一再指責現場管理人員，也想盡辦法要激發從業人員的工作士氣，但始終不見效果。

有一天，這個經營者發現，他交代的事情一直沒有獲得解決，於是決定改變方式。

這個工廠採取晝夜兩班輪流制，他趁著夜班要下班的時候，在工廠門口攔住一個作業員，問他：「你們的鑄造流程一班可做幾次？」

作業員答道：「六次。」這個經營者聽完後一句話也不說，就用粉筆在地上寫下「六」。

緊接著早班作業員進入工廠上班，他們看了這個數字後，不甘落後，竟改變了「六」的標準，做了七次鑄造流程，並在地上重新寫上「七」。

到了晚上，夜班的作業員為了刷新紀錄，就做了十次鑄造流程，而且也在地面上寫上「十」。

過了一個月，這個工廠的業績大幅提升。

這個經營者僅用了一根粉筆，就重整了工廠的士氣，而員工們突然產生的士氣是從哪裡來的呢？

相信你已經注意到，這是因爲有了競爭的對手所致。

很多人做事一向都是拖拖拉拉，毫不起勁，可是突然有了競爭對手後，就激發起了他們的士氣。

每個人都有自尊心和自信心，潛在心理也都希望「站在比別人更優越的地位上」，或「自己被當成重要的人物」，從心理學的角度來說，這種潛在心理就是優越的心理。

有了這種心理之後，人類才會努力成長，也就是說這種慾望是刺激人類不斷成長的基本元素。

這種優越的慾望，在有特定的競爭對象存在時，意識會特別鮮明。以學生來說，當他們想自己的成績變好時，就會有打垮競爭對手的意識，所以就會更加用功，只要懂得運用說話的藝術，就能達成激勵效果。

發動柔性攻勢才能成事

堅決表達自己的意願，
不能讓步的事情要勇敢拒絕，
表現軟弱會使問題永遠無法解決。

針對漏洞反擊最省力

在戰鬥、攻擊的人際關係裡，獲勝者往往是冷靜應對的那一個人，他們能從對方的言詞中找出可以加以反擊的地方。

某次，蕭伯納遇見一個肥頭大耳的神父。神父仔細打量著瘦骨嶙峋的劇作家，揶揄地說道：「看你這副模樣，還真讓人以為英國人都在挨餓。」

蕭伯納馬上接過話，說道：「但是，看著你的模樣，就能很清楚地知道，苦難的根源就在你們這種人身上！」

反語、諷刺是最有效的攻擊武器。但只有聰明的才懂得拿它來對付冒犯自己的人，並且壓倒反對者。

用揶揄、反諷的方式來保護自己、反擊別人，是一種另類的幽默，能使得充滿火藥味的場面維持表面的和諧，避免在場人士過於尷尬。

遇見故意挑釁自己的人，破口大罵反而會失去風度，更中了對方的圈套，但若忍氣吞聲不加以計較，不僅便宜了對方，還助長他的威勢。

此時就要用些說話的技巧，借力使力，讓對方自食其果。

法國著名作家莫泊桑留著顯眼的大鬍子。有一次，他遇見一位傲慢的貴婦人，她對莫泊桑說：「你的小說內容平凡，沒什麼了不起的，不過，你的鬍子倒是十分好看。你為什麼要留一臉大鬍子呢？」

莫泊桑笑了笑，淡淡地回答：「至少能給那些對文學一無所知的人留下一個讚美我的話題。」

有一天，朋友邀請小仲馬去看他的新劇本演出，劇作者和小仲馬並肩坐在最前面的座位上。戲劇開演時，只見小仲馬老是回過頭去，嘴裡還嘟囔著：「一個，兩個，三個……」

「您這是在做什麼？」劇作者不解地問他。

「我在替您數打瞌睡的觀眾。」小仲馬半開玩笑半認真地說。

劇作者聽了當然不太高興，但是又無法說什麼，只能在心裡想著：「等著瞧吧，等到你的劇本演出時，我就不相信觀眾都能聚精會神地看。」

後來，小仲馬的《茶花女》公演了，兩人又同去觀賞。

這位劇作者朋友找到「報仇」的機會，開心得不得了。果然戲劇開演時，他也頻頻回過頭觀望，瞧了半天，居然也找到了一個打瞌睡的。

「親愛的，您的《茶花女》的觀眾也有打瞌睡的。」

小仲馬朝朋友指的地方望了一下說：「您不認識這個人嗎？他是上次看您的戲時睡著的人。」

德國大詩人海涅是個猶太人。

有一次，他在公共場合遇到一群無恥之徒，擺明了就是要侮辱和攻擊海涅。有個不懷好意的傢伙走上前對他說：「我發現了一個小島，這個島上竟然沒有猶太人和驢子！」

海涅看了他一眼，不動聲色地說：「看來，只有你和我一起去那座島上，才能彌補這個缺陷！」

在戰鬥、攻擊的人際關係裡，獲勝者往往是冷靜應對的那一個人。他們能控制自己憤怒的情緒，從對方的言詞中找出缺失、漏洞，或者可以加以反擊的地方，而後再全力進攻。

不要受到他人所說的「壞話」的影響，那些都是不負責任的閒言閒語。這個社會中，有許多人被捲入這種戰爭裡，因爲太過在意他人的評價，始終對那些言語耿耿於懷，最後只會導致自己陷溺其中而滅亡。

只會批評、諷刺以及專說尖酸刻薄話語的舌頭，是打擊一個人信心的最大敵人，比魔鬼還恐怖。我們不僅不能亂用，更要學會面對它的襲擊時，抓住漏洞巧妙應對的方法。

懂得變通就有機會成功

在事情無法完全按照計劃進行時，有時候也得換個想法。試著轉個彎，成功就在不遠處。

社會上有各式各樣的人，所以我們可以發現，有讓人覺得窩心的店員，也有的則笨拙到讓人心煩。

面對客戶時，能力強或者認真負責的人，在待人處事上不一定享有優勢；真正受歡迎的往往是應對得體、反應快速的人。

若是遇到刻意刁難的人，如果沒辦法適當應付，就只能陷在尷尬又進退兩難的困境中了。這時只有多動動腦，換個方式應變，才能找出解決的辦法。

美國第三十六任總統林登．詹森二十六歲時曾擔任全國青年總署德克薩斯州分署署長。在他任期內，由於嚴厲的管理風格，手下的人都戰戰兢兢。

有一次，他走過一位同事的座位旁，看到他的辦公桌上堆滿了雜物和檔案夾，心裡很不高興，就故意提高嗓門說：「我希望你的思想不要像這張桌子一樣亂七八糟、凌亂不堪。」

全辦公室的人都聽得一清二楚，當然這位同事也聽到了。他費了好大的勁，才在詹森第二次巡視辦公室前把檔案整理好，並將桌面清理得一乾二淨。

詹森又來到辦公室時，一看原來亂糟糟的桌面變得空空蕩蕩，於是又說：「我希望你的頭腦不要像這張桌子那樣空無一物。」

幽默大師卓別林在一九三八年的秋天完成了以諷刺和揭露希特勒罪行為主題的電影腳本〈獨裁者〉。

到了第二年春天，派拉蒙電影公司在影片準備開拍的時候告訴卓別林：「理查．哈定．大衛斯曾以『獨裁者』為名，寫過一齣鬧劇給我們公司，所以這個名字是我們的財產。」

卓別林幾次派人跟派拉蒙談判都毫無結果。無奈的卓別林只好親自找上門去商談解決的辦法，可是派拉蒙還是不肯讓步。

為了電影名這個問題，雙方僵持了好一陣子，直到最後，派拉蒙公司終於對卓別林放話說：「如果你一定要『借』『獨裁者』這個名字，就必須付出兩萬五千美元的轉讓費，否則我方就要訴諸法律。」

卓別林想了想，如果多了這筆開銷，在收支上就會有虧損的危險。幾經思考過後，他就在電影腳本名字前加了個「大」字，變為〈大獨裁者〉。派拉蒙公司知道後不滿地向卓別林抗議，他卻風趣地對他們說：「你們寫的是一般的獨裁者，而我寫的是大獨裁者，這兩者之間根本風馬牛不相及。」

事後，卓別林幽默地對朋友說：「我多用了一個『大』字，就省下了兩萬五千美元，可謂一字值萬金！」

或許林登．詹森就是故意刁難屬下，所以不管部屬怎麼做都會受到批評。不過他的話也並非全無道理，工作環境過亂與過整潔都不是該有的情形。太雜亂，工作進度易受影響，但是桌上空無一物，又豈能順利辦事？

通常主管給予建議時，不是一針見血，就是有所隱藏，不管是哪一種，其中一定都另有涵義。

如此一來，只會照單全收，不知變通的人就會吃癟。可能完全照做了，還是得不到主管的滿意，因爲他沒注意到，主管的「話中還有話」。

執著、追求完美是個優點，但是也必須考慮在大環境中是否可行。在事情無法完全按照計劃進行時，有時候也得換個想法，否則問題還是不能解決。這時若試著轉個彎，成功就在不遠處。

就像卓別林不放棄的〈獨裁者〉，沒有比它更適合的名字，卻又不想多花無謂的金錢只爲保留它時，改變一個「小」點，就能換來「大」收穫。

發動柔性攻勢才能成事

堅決表達自己的意願，不能讓步的事情要勇敢拒絕，表現軟弱會使問題永遠無法解決。

去做違背自己意志的工作，往往會使人悶悶不樂，只有按照自我信念做事，才能得到心靈的平靜。

很多人害怕在人際關係中過分強硬，會爲自己帶來不利，因而與他人意見不合的時候，會選擇退縮、壓抑自己的眞實想法。只是，與人有摩擦就一定會造成自己的損失嗎？

的確，勇於挑戰不合理的要求或許會受到打壓，但是不願意接受挑戰，每天小心翼翼過生活，反而讓自己疲憊，還會助長惡勢力發展。

愛惜自己生存的權利，別害怕挑戰，尊重自己也是尊重他人，不能讓步的事情就要勇敢拒絕。

奧地利作曲家海頓有一段時期曾受僱於匈牙利的一個顯貴，擔任樂隊副團長的職位。

當時，他們簽下了一份不合理的契約：「副團長必須依照主人的意願而作曲，絕對專門為主人演奏。非經主人許可，不得為他人作曲。副團長須留意監視一切樂譜和樂器，若因疏忽怠慢而發生差錯，必須全數負責。」

為了擺脫貧困，海頓只得忍氣吞聲接受這項合約，心裡想著，總有一天要找個機會治一治這位專制的顯貴。

這位顯貴生活相當奢華，經常來往於建造在維也納郊區的豪華別墅，這座別墅的建造規格仿照法國凡爾賽宮。他把樂隊也帶到這裡為他奏樂，而且不准他們離開別墅半步。

樂隊成員們在郊區住久了，難免會想家，也受不了這種無聊寂寞的生活，便紛紛到副團長面前訴苦。海頓認為治一治這位顯貴的時機到了，左思右想，終於想出一條妙計。

在一個涼爽的的夜晚，樂團佈置好場地，準備為這位顯貴演奏一首海頓新創的作品〈告別交響曲〉。

這首交響曲的第一樂章使用了很多種樂器，然後樂器逐漸減少，演奏者一個一個地依序停下來。樂曲美極了，顯貴聽得入了迷，只見演奏者一個個在奏完自己的部分後，就把面前的蠟燭吹熄，然後悄然離去。

到了第四樂章時，演奏台上只剩下幾個人，到了曲末只有第一小提琴手獨自演奏出寂寞且淒涼的旋律。結束了這首交響曲後，他也悄然離去。

這樣別出心裁的安排，給顯貴適當的暗示。他果然為樂曲表現出的淒情而動容，頓時良心發現，終於讓樂團放假，自己也回維也納去了。

海頓使用的是「柔性攻勢」，以優美且感傷的樂曲配合現場氣氛和動作，暗示主人團員們想家的情緒。這麼做不但可以避免正面衝突，也表達出自己的意見，還留下如此傑出的一部作品，可說是一舉數得。

同樣的，在現實的職場上，一味以退爲進不一定吃得開，反而容易讓人食髓知味，一次又一次糟蹋你的用心，因此必須適時表達自己的感受。

許多人過著言聽計從的生活，完全無法決定自己的人生，尤其在公司的運作關係裡更常見。因爲怕會影響到自己的升遷，或與同事相處時被排擠，所以不敢發出自己的聲音。

其實，只要一次堅決地表達自己的意願，對方就不會一再提出無理的要求，說不定還會因此而得到賞識。

不能讓步的事情要勇敢拒絕，表現軟弱只會使得問題永遠無法解決。

面對恭維必須保持理智

大多數奉承背後，都另有所圖。因此，如何不讓頌揚自己的人難堪，同時也表現出謙虛的美德就成為一種學問。

美國總統林肯曾經說過一句名言：「一滴甜蜜糖比一斤苦膽汁所能捕獲到的蒼蠅還要多許多。」

因爲，只要是人，多多少少喜歡聽到恭維的話語。貼切的恭維能夠增加對方自信，進而獲取人心，但是過多的頌揚倘若用錯地方、用錯方法，反而易讓人起疑慮，甚至感到厭惡。

所以，過多的恭維不如減少一些，如此更能讓人信服，間接的頌揚又比直接的恭維來得悅耳。

威爾遜當選美國紐澤西州長不久之後，有一次到紐約去參加一場午餐宴會。當主席介紹到他時，不免獻上了一番恭維和頌揚，並且宣稱威爾遜是美國未來的「大總統」。

威爾遜受到如此的恭維，有點承受不起，但是他仍然神色自若地說了幾句開場白。打完招呼後，他接著說：「我來講一個別人說給我聽的故事，而我自己就像這故事中的人物。」

受到一陣熱烈的掌聲後，威爾遜開始了他的故事：

「有一群人在加拿大釣魚，裡面有位名叫詹森的人，大膽地試飲了某種烈酒，並且喝得很多，結果回程搭火車時，這位醉漢沒搭上往北的火車，而錯搭往南的火車了。這群人發現後急著要把他找回來，就打電報給往南開的火車的列車長，請他把一位叫做詹森的醉漢送到往北開的火車上。他們很快收到回電：描述請再詳細一點，有十三個喝醉的人在車中，他們既不知道自己的姓名，也不知道自己要去哪裡。」

威爾遜接著說道：「我就像故事裡的詹森，雖然還知道自己的姓名，但是無法確實知道自己的目的地是哪兒。」

俄國大畫家列賓某一天收到一位文學家的來信，在信中文學家稱讚列賓是一位偉大的畫家。列賓收到信後竟然像個受表揚的小學生般，害羞得臉都紅了，自言自語地說：「偉大？還談不上呢！」似乎為了這樣的讚揚感到無地自容。

之後他馬上回了一封信給這位文學家，信中說著：「您一定了解，每個人都是普通且平凡的，可是您卻把我送到一座宏偉的高台上去。假如我真的爬上了高台，您看見了一個這麼渺小的人站得那樣高，也會發笑的。」

恭維，是一帖麻醉劑。在現實生活中，喜歡奉承別人的人不少，喜歡被奉承的人更多，就像有人喜歡坐轎，必定有人樂於抬轎。然而，大多數奉承背後，都另有所圖。因此，巧妙且適當地面對他人的恭維，就成爲一種學問。如同威爾遜與列賓的智慧，既不會讓頌揚自己的人難堪，同時也表現出謙虛的美德。

好的恭維不在多少，而在巧妙。間接的頌揚才能百無一失，讓人覺得眞誠。因此，別輕易頌揚別人，每一個讚美都要謹愼，也別沉醉於恭維之中，尤其是容易迷失自我的人。

如何對待愛刁難部下的下屬

有些身為中層幹部的下屬，一嚐到權力的滋味，就會養成一個壞習慣，對人十分挑剔，尤其喜歡刁難自己的下屬。

斯特是一家公司的一個小主管，他在專業技術方面非常熟練，但有一個很大的缺點，就是對於下屬所提的要求，哪怕是合理的，也要加以刁難、耽擱。

一次，一個下屬因身體不舒服要求請假，但斯特就是不准，冷冷地回答說：

「你忍耐一下，不就挺過去了。」

結果，導致這個下屬因延誤了治療時間而多花了不少冤枉錢，因此，部屬們對他很有意見，並向公司的總經理反映他的行為。

總經理了解實際情況後，覺得斯特有點過分，不過，他並沒有當面訓斥斯特，而是準備找個機會教訓他一下。

機會終於來了。有一天下午，斯特駕駛公司的車子出外洽公，在路上，卻因為撞傷人而被警察拘留，警察要他立即拿出一大筆款項，作為傷者的醫療費用擔保和違規罰款。

本來，公司的車輛有保險，費用只要公司總經理簽個字，臨時支用一下就行。結果，斯特打電話到總經理秘書那兒，總經理知道後，卻一反平素關心下屬的常態，告訴秘書說：「妳跟斯特說，總經理正在參加一個非常重要的會議，不能受到打擾，也無法脫身，請他忍耐一下，挺過去。」

於是，整整一個下午，可憐的斯特就只得待在拘留所裡，望眼欲穿地等待公司的人來。

直到夜幕降臨，總經理才簽字辦理這件事，斯特這才得以被釋放。

斯特回到公司了解整個情況後，再回憶秘書傳達總經理的「忍耐一下挺過去」的話，頓然醒悟，原來總經理不是不關懷他，而是有意讓他反省。

從此以後，他便完全改變自己，只要下屬提出的要求合情合理，他就會以最快的速度來辦理。

有些身為中層幹部的下屬，一嚐到權力的滋味，就會養成一個壞習慣，對人十分挑剔，尤其喜歡刁難自己的下屬。

說他錯，又不完全錯，因為他確實是在權力範圍內行事，而且也沒有違反規章製度。說他對，又顯得不近人情，因為他對手下一點都不通情達理。

面對這種部屬，不必加以訓斥，你應該像前述故事中的總經理，找機會讓他嚐嚐苦頭，他才有可能改變。

適當的場合提出適度的批評

不注意場合隨意批評人的領導者，不僅會傷了部下的面子和自尊心，也會壞了自己的形象和威信。

古羅馬思想家賀拉斯說：「懷著輕蔑對方的心理，就會使你的話語充滿怒氣，不僅會傷害別人，也會傷害自己。」

試想，如果說話不分對象，動不動救用充滿蔑視或憤怒的方式罵人，那麼勢必會爲自己招來禍端，也無法和別人好好地溝通。

就算這樣的人有著傲人才華，也無法成爲下屬擁戴的上司，只會遭到下屬背地裡咒罵、扯後腿，最後淪爲只會成天發牢騷的失敗者。

穿衣要看天氣，批評也要看場合。

批評下屬一定要注意場合，而且不能像潑婦罵街。

因爲，是大部分人都不願意看到上司斥責部屬，不願看到自己的同事被責罵。當然，有的人會幸災樂禍，但大部分的人是會站在這個被責罵者一邊的。

不注意場合隨意批評人的領導者，不僅會傷了部下的面子和自尊心，也會壞了自己的形象和威信。

有的人喜歡在衆人面前斥責下屬，並不是因爲出於氣憤，而是想經由這種方式向上級、客戶或其他部屬表明這不是他的錯，而是某個下屬辦事不力造成的。事實上，這種做法也是幼稚的。

一是，你既然身爲一個部門的領導，就得對這個部門的所有事務負起責任。如果你一味強調自己不知情，只會使你在掩飾的同時，暴露出你的另一面缺失，那就是你管理不力，或由你所主持制定的管理規則不健全。

更重要的是，你的這種推卸責任的行爲，會讓其他的部屬看了心寒，他們會覺得你是一個自私、狹隘、沒有器量的上司。

二是，如果一出了問題，你就把責任往下屬身上推，拿下屬做擋箭牌，那麼，毫無疑問，這個下屬從此就有可能對任何工作都不再熱心。而且，他還會想：「好啊，這次你拿我當替死鬼，那我們騎驢看唱本——走著瞧吧！」

更要命的是，如果你的部屬是一個急性子，他也許當場就和你針鋒相對，大吵起來。這時，他也許會把你一些見不得人的黑幕抖出來，然後揚長而去。這時，當著那麼多旁觀者，誰的處境最尷尬？最終還不是你丟了自己的面子。

在發生問題的時候，即使你確定是下屬犯的錯誤，也應該把他喊到辦公室，在沒有第三者的情況下進行批評。

你喜歡聽反面的意見嗎？

聽取下屬的建議，既可以給人平易近人的感覺，又可以無償地從別人那兒得到不同的看法和思想，何樂而不為呢？

要做一個合格的領導人，要善於徵求、聽取和採納別人的意見，尤其是下屬的意見，獨斷專行是領導者的大忌。因爲，一個領導者能力的強弱，和權力的行使，最重要的關鍵在於是否能能得到下屬們的合作和支持。

獨斷專行是一堵牆，會把你和你的下屬隔離。

領導者不應只停留在被動地聽取下屬們的意見，應該主動刺激和鼓勵他們發表意見，徵求他們表達更多的建議，這是成功領導者的一個顯著的特徵。

在這個問題上，美國鋼鐵公司的總經理賈利爾看得非常透徹，他曾經對媒體說：「我樂於聽取別人的意見，尤其喜歡聽反面的意見，在這一點上，我超過別人很多。」

因此，想要成爲一個優秀的領導，最緊要的是，要在下屬面前放下架子，不要以爲自己很能幹，不需要任何人的幫助，而聽不進別人和下屬的話。

事實上，聽取下屬的建議，是一舉兩得的事，既可以給人平易近人的感覺，又可以不用花費一分投資，無償地從別人那兒得到和自己不同的看法和思想，何樂而不爲呢？因此，領導者一定要培養聽取下屬們意見的好習慣，不管他們的態度是誠懇的、還是高傲的，意見是成熟的還是幼稚的，採不採納完全取決領導者自身的考量。

在聽取下屬的看法時一定要專心、不能急躁、多疑。

換個角度而言，聽取下屬們的意見，實際上就是在利用別人的腦子替自己激發創意，經由自己的思考、判斷，就可以從中淬取許多有用的東西，爲自己所用，又有什麼不好呢？

有些事你可以裝作不知道

「明知故昧」的謀略，不是消極的明哲保身，而是故意裝作不知道，積極地排除人際關係上的種種摩擦和障礙。

春秋時期，有一次楚王大宴群臣，名曰「太平宴」，所有文武官員和宮內的寵姬妃嬪統統出席這次盛筵。席間奏樂歌舞，美酒佳餚，正是「男女雜坐，履舄交錯，羅襦襟解，香澤微聞」的快樂狂歡。

君臣暢飲到了黃昏，楚王感到意猶未盡，便命人點起燭火繼續夜宴，還特別叫最寵愛的兩位妃子許姬和麥姬，輪流向眾文武大臣敬酒。

忽然，一陣狂風，把堂上的所有燭火吹滅，會堂一片漆黑。這時，楚王的愛妃許姬突然覺得自己被別人摸了一把，她知道摸她的人不是楚王，也不是其他嬪妃，而是一名男性大臣。許姬氣得不得了，把手用力一甩，同時順手扯斷了那人頭上的纓帶。

許姬拿著纓帶匆匆回到楚王身邊，對楚王哭訴說：「我剛才奉命敬酒，燭火熄滅後，有人乘機調戲我，我扯斷了他的纓帶，大王快叫人點亮火燭，就能知道是誰調戲我了。」

楚王聞言先是一驚，但馬上又鎮定下來想道，現在正是用人之時，在座的又都是高級文臣武將，若因小失大，豈不壞了國家大事？於是，楚王在點亮火燭前突然大聲宣佈：「今天歡宴，眾人須盡情歡樂，為打破拘謹，請大家都摘掉官帽，開個不分官職大小、尊貴卑賤的『絕纓會』。」

眾臣聽大王說完，全都摘下了官帽，等點上火燭後，又都盡情歡娛，直到深夜。待宴盡人散，許姬陪楚王回到後宮之後，責怪他為何不抓起那個色膽包天的官吏時，楚王笑著說：「妳不知道，此次宴會目的在狂歡，酒後狂態乃人之常情，如果把那人揪出來，豈不是大煞風景？這又豈是宴會的原意？」

許姬聽說後，方才拜服楚王高見。

後來，楚王伐鄭，有一名健將獨率百人為三軍開路，一路斬將奪關，直逼鄭國京邑，使楚王聲威大振，此人就是當年摸黑揩許姬的油，非禮王妃的唐狡。

七〇年代，香港邵氏影城，也發生過類似的故事。

當時，王羽是香港邵氏兄弟影業公司當紅的武打明星，他領銜主演的「獨臂刀王」系列武俠片相當賣座，被圈內人士喻為邵氏公司的搖錢樹。

當時，王羽年輕氣盛，脾氣十分暴躁。據說，有一天，他在影城食堂吃飯時，嫌飯菜不好，竟勃然大怒掀翻桌子，把碗缽一個一個摔到地上砸個稀巴爛，旁人無人敢勸他。

這時，正好老闆邵逸夫打從食堂旁走過，聽到打碎碗缽的巨響，停下腳步一看究竟，當他看到是王羽在鬧事時，馬上轉頭就走，當作什麼事也沒發生。

按理說，邵逸夫才是邵氏影城一手擎天的人物，王羽雖然是深受觀眾喜愛的武打明星，但也是邵逸夫一手捧紅的，要不是他當年決定擢用王羽演主角，王羽哪能紅透半邊天？但是，邵逸夫不僅將此事忍了下來，還當什麼也沒發生。

當然，邵逸夫此舉是為自己的電影事業著想，王羽有票房號召力，只有遷就他。如果此時把王羽臭罵一通，說不定王羽一氣之下，就投奔邵氏公司的競爭對手。王羽砸碗砸鉢，比起賣座的電影的鉅額收益來，畢竟是小事一樁。

事後，王羽氣消冷靜下來，聽人說邵逸夫曾經路過食堂而沒發作，內心十分感動，發誓死心塌地要為他效命。

「明知故昧」的謀略，不是消極的明哲保身，而是對已經知道的事情故意裝作不知道，不動輒破口大罵，積極地排除人際關係上的種種摩擦和障礙，讓自己日後得以大展宏圖。

實際上，在我們處理複雜而微妙的人際關係時，能夠做到「明知」而「故昧」的地步，絕非容易之事，非有高度涵養不行。你不妨捫心自問，自己行嗎？如果還不到這種修爲，那就得更加努力訓練自己。

05

越棘手，越需要幽默

越棘手的事情，越需要幽默。

幽默不只是娛樂自己，

同時也是娛樂別人，只要笑得出來，

還會有什麼解決不了的大事呢？

越棘手，越需要幽默

越棘手的事情，越需要幽默。幽默不只是娛樂自己，同時也是娛樂別人，只要笑得出來，還會有什麼解決不了的大事呢？

人人都知道幽默的好處，但是幽默不只是讓你的人生變得輕鬆，更重要的是，它可以改變你看世界的觀點！

蓋瑞是一個非常幽默的警官，不管遇到什麼重大案件，總是能一笑置之，使問題迎刃而解。

就拿某天下午來說吧！有三位女士為了一點小事發生了爭執，三個人大吵大鬧來到警察局，你一言，我一語，幾乎把警察局的屋頂掀了開來，女人的話匣子一打開，連局長都沒有插嘴的份。這時，蓋瑞淡淡地說了一句話：「請妳們當中年紀最大的那一位先說吧！」

話才剛說完，房間裡頓時鴉雀無聲。

蓋瑞的聰明才智不僅如此，他還曾經運用幽默順利搶救了一名企圖跳樓的男子。當時情況十分緊急，男子站在五十二層樓高的窗台，隨時都有可能往下一跳。樓下擠滿了圍觀的人潮，警察、醫生和記者全數到期。

依照往例，那名想要自殺的男人色厲內荏地喊叫著：「別過來！誰要再走近一步，我就跳下去！」

只有蓋瑞帶了一名醫生走上前去，他只說了一句話，那男子便默默地走下樓了。蓋瑞說：「我不是來勸你的，是這位醫生要我來問問你，你死後願不願意把屍體捐給醫院？」

又有一次，蓋瑞無意中看到兩個年輕的神父騎著一輛自行車在一條小路上飛馳，身為神職人員怎麼可以不遵守交通規則呢？蓋瑞急忙下車將他們攔住，問道：「你們不覺得這樣騎車是很危險的嗎？」

神父們理直氣壯的說：「沒關係，天主與我們同在。」

蓋瑞聽了，笑著說：「這樣的話，我不應該開你們超速的罰單，而應該罰你們八十塊美金，因為法律規定，三個人是不能同騎一輛自行車的。」

幽默使人冷靜，冷靜使人充滿機智。一個星期六下午，幾個左派份子正在鬧區的十字路口發表演說：「現今的政治爛透了，我們應該放把火，把眾議院和參議院統統燒了！」

激烈的言論尚且不構成任何妨礙，但是卻引來越來越多的行人，把路口堵了水洩不通，嚴重影響了交通。

當警察趕到時，市內的交通已經癱瘓得無從下手，只見蓋瑞大叫一聲：「現在開始，同意燒參議院的站到左邊，同意燒眾議院的站到右邊。」

「嗶」的一聲，人群頓時分成左右兩邊，中間的道路豁然開朗。

語言是人類交流的工具，影響著人與人之間交往和溝通。越是遇到棘手的事，越必須運用機智把話說得更動聽，或是達到罵人不帶髒字的效果。

有個弄臣犯了錯，皇帝把他推下御花園的水池，再幸災樂禍地把他拉上來問：

「怎麼樣？你在水裡有沒有見到屈原哪？如果沒見到，就再把你推下去！」

「臣見到屈原了！」弄臣一本正經地回答。

皇帝笑了起來，繼續問：「屈原跟你說了些什麼嗎？」

「是說了些什麼，」弄臣恭敬地說：「屈大人說他沒遇上好主子，所以才投了水，我有這麼英明的主子，為什麼也要投水？」

又是馬屁又是求饒，皇帝樂歪了，馬上饒了這名弄臣。

越是棘手的事情，越是需要幽默。幽默不只是娛樂自己，同時也是娛樂別人，只要人們都可以笑得出來，還會有什麼解決不了的大事呢？

罵人不必帶髒字

在某種意義上，批評也是一種讚美，它意味著你做的某件事情太重要了，批評家們無法忽視它。

——巴克斯頓

心胸狹隘，就會指桑罵槐

傲慢無禮的壞毛病，可以說是為人處世的一大缺陷。就像得意忘形的猴子爬到高處，卻露出自己的屁股，只會招來別人的訕笑和嘲弄。

我們從小就不斷地學習「請、謝謝、對不起」，但是不管我們被耳提面命了多少年，至今還是有許多人不懂得使用，甚至根本不想使用。試想，一聲謝謝難嗎？一個小小的禮讓動作辛苦嗎？

懂得感激，我們自然懂得謙卑，能夠謙卑，我們才能在低頭之後，抬頭看見人們回報給我們的廣闊天空。不懂得感激，就別怪別人指桑罵槐！

前方風沙滾滾，似乎有人正騎著馬匹奔跑過來。

「請問一下，農莊的方向該怎麼走？」

馬背上正坐著一個迷失方向的年輕人，只見他居高臨下地俯視著老農夫，雖然問話時還算謙恭，但是這對十分注重禮儀的老農夫來說可是大忌！

老農夫側著頭，滿臉不悅地說：「對不起，我沒時間跟你閒聊，因為我家的馬兒剛剛才生下了一隻小牛，我這會兒正趕著去找大夫呢！」

年輕人一聽，吃驚地問：「這怎麼可能，馬兒怎麼會生出小牛呢？」

年輕人的話才說完，這個心胸狹隘的老農夫便故意地咬牙切齒地說：「我怎麼知道這個畜牲為什麼不下馬？」

老農夫的話一說完，年輕人似乎發現老人家正指桑罵槐地教訓他，只見他先是一愣，這才連忙下馬，再向老農夫恭恭敬地請教方向。

「待人和善」與「恭謙有禮」向來是品德教育的第一課，故事中尖酸刻薄的老農夫在日常生活中也到處都是，萬萬不能輕忽。

從小我們便被教導對長輩要有禮貌，對晚輩要懂得友愛疼惜，一步步地從身邊的人際交往開始，然後漸漸地發展到身邊的鄰居朋友。怎樣與人相處，又怎麼才能贏得別人相同的疼愛與尊重，一切是從我們自己開始，最重要的是，每一步都忽略不得。

敬老惜幼、謙恭自持也是表現一個人的家庭教養與個人修養最好的方式。就像故事中的年輕人一般，容易忽略基本禮貌的人，待人處世大都不會太細心，像是迷失方向或是糊塗犯錯的情況，也很容易發生在這類人的身上。

傲慢無禮的壞毛病，可以說是爲人處世的一大缺陷。就像得意忘形的猴子爬到高處，卻露出自己的屁股，只會招來別人的訕笑和嘲弄。

遇到類似這樣的人，通常只要把他當成猴子即可，如果你實在看不慣，不妨像老農夫來一段「指桑罵槐」吧。

罵人不必帶髒字

我最喜歡跟磚牆講話，因為，我犯不著挖空心思出言諷刺它，它也不會惱羞成怒地反駁我。

——王爾德

做人何必太性急？

作家弗・奧勒在《蘆薈戀歌》裡説：「倘若匆忙能夠給你帶來一堆好東西，那麼，從容則能給你帶來一袋金子。」

每個人行事風格大異其趣，說話的方式也不盡相同。因此，交際時說話應當察言觀色，對不同的人應當採取不同的說話方式，才不至於禍從口出。此外，說話辦事之時也不必太性急，否則就會淪爲別人捉弄的對象。

北宋大文學家歐陽修在《歸田錄》中曾錄載一則馮道與和凝的軼事。

馮道，字可道，五代景城人（今河北滄州市），一生經歷後唐、後晉、後漢、後週四個朝代，侍奉過十位君主，曾三次被任命為丞相。

馮道博學善辯，生性隨和風趣。與他同時代的和凝，曾任後漢、後週丞相，才思敏銳，但生性偏急。

一天，馮道與和凝同在中書省辦理政務，和凝見馮道身著新衣，腳配新鞋，便開口問道：「馮大人，你買的新鞋花了多少錢？」

馮道有意捉弄他，便慢條斯理地舉起左腳，笑瞇瞇地對和凝說：「不多，不多，才九百文。」

和凝一聽，連忙召來下人大聲訓斥道：「馮大人買新鞋只要九百文錢，為什麼我的新鞋卻要花到一千八百文？你這個飯桶，根本不能讓你辦事，等我回府後再好好責罰你。」

下人聽了，臉色發白，哆哆嗦嗦地嚇得一聲不吭。

直到這時候，馮道才咳嗽一聲，慢慢地舉起右腳，笑著對和凝說：「和大人，我剛才還沒說完呢。這只右鞋也值九百文，與左邊的那只相加，不正好是一千八百文嗎？」

眾人聽了，再也憋不住，同時大笑起來。

和凝在大家哄堂大笑中，臉上紅一陣、白一陣的，不知該如何是好，處境實在尷尬極了。

作家弗·奧勒在《蘆薈戀歌》裡說：「倘若匆忙能夠給你帶來一堆好東西，那麼，從容則能給你帶來一袋金子。」

馮道與和凝的軼事，雖然是笑話一樁，但也由此看出，衝動行事百害無一利，凡事若能三思而行，說話之前反覆思量，自然不會貿然動作，也不至於犯下禍從口出的錯誤。

凡事留一些轉圜餘地，既能周詳處事，亦能遇事處變不驚。否則哄堂大笑事小，得罪人、壞了事，可就得不償失了。

罵人不必帶髒字

無論什麼時候，都沒有必要用諷刺的話去嘲笑或刺激別人，這只會使你增添敵人。

——特里豐諾夫

面對八卦浪潮，要懂得虛晃一招

不實的謠言，不管你再怎麼強調你只是「聽說」，不管如何道歉補救，傷害已經造成。換成你是當事人，你做何感受？

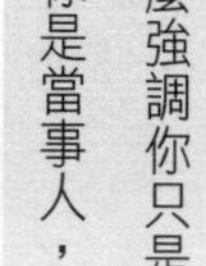

最近這幾年，台灣幾乎要被八卦的浪潮淹沒。八卦已經像是生活的調劑，茶餘飯後的娛樂，但是，這樣子捕風捉影、蜚短流長的無聊行爲，又有什麼實際上的好處呢？

遇到這種情況，必須懂得虛晃一招。

幾個女同事聚在一起吃午餐，聊著聊著，就開始發揮某方面的專長，批評起這個部門的主管不好，那個部門的主管看起來色瞇瞇的；連董事長的兒子、女婿也難逃一劫，一個一個被拿出來評頭論足一番。

幾個女人七嘴八舌的，東一句西一句，越說越起勁。她們炮火隆隆，比起美伊戰爭有過之而無不及，恨不得最好天下大亂，好讓她們有更多的話題可說。

正當她們聊到精采部分時，看到行政部門的小劉拿著便當走過來，就熱情地叫他過來一起用餐。

多了位聽眾，女人聊八卦的功力更是發揮到極致。一位陳小姐正在批評剛上任的男經理，悻悻然地說：「哼！什麼都不懂，還老是擺個臭架子，依我看，我們小劉都比他強多了。小劉！你說是不是啊？」

小劉正低著頭吃飯，無端端被捲入這場戰局裡，為了阻止這個話題繼續，猛然抬起頭來，望了望四周，神秘兮兮地說：「但是，我聽經理說過他非常欣賞妳，還想約妳出去看電影，到底他約了沒？約了沒？」

大家聽了，原本一肚子的話頓時卡在喉嚨裡，眾人眼光不約而同地集中在陳小姐泛紅的臉上。這下子，陳小姐可成了八卦新聞的最佳女主角。

小劉的這招還真管用，接下來的時間裡，大家低著頭默默無語，幾個狐疑的目光輪流在陳小姐臉上打轉。說人者人恆說之，陳小姐終於嚐到被人在背後論長論短的滋味了。

當八卦製造機成爲八卦中的主角，這台機器的運轉功能一定會大大削減。的確，說別人那些無關痛癢的是非，可以有效地促進同事間的情誼，爲平淡的工作增添一些色彩；但是這種行爲，卻是把自己的快樂建立在別人的痛苦上。

不實的謠言，不管再怎麼強調你只是「聽說」，不管事後如何道歉補救，只要有一個人相信，傷害就已經造成。換成你是當事人，又做何感受？

謠言止於智者，但願你與我都能夠有這樣的智慧。

罵人不必帶髒字

對智者固然要稱道，對愚者也不應嘲笑，至於對誹謗的最好回答，就是無言的蔑視。

——恩格爾

忍耐一下子，快活一輩子

英國詩人斯溫伯恩曾經寫道：「人們在尖刻的話語和機敏的辯才中摘不到果子，在他們搖撼大樹的根部時，得到的是扎人的刺。」

富蘭克林爲了改善自己的人際關係，曾經定下一條規律要求自己嚴格遵守，那就是不可使用武斷的言詞強迫別人接受自己的觀感，而且在措詞方面必須小心謹愼，竭力避免去傷害他人。

富蘭克林強調說，只要嚴格要求自己做到這點，不但容易使別人接受自己的意見，而減少人際之間的衝突，相對的，一旦自己不小心犯了錯誤，別人也不會以嚴厲的態度加以屈辱。

他也一再提醒年輕人，一味表現出咄咄逼人的言行舉止，絕不可能讓別人改變他們的態度和想法。

林肯擔任美國總統的時候，有一個名叫格瑞利的政治評論家，老是和林肯總統的政治見解不同。為了使林肯總統贊同他的看法，經常用嘲弄和謾罵的筆調，在報紙上發表嚴峻的評論攻擊林肯。

但是，林肯總統對格瑞利的評論一直置之不理，使得格瑞利相當生氣，更加猛烈地攻擊著。即使是在林肯被刺身亡的當天夜晚，不知情的他還寫了一篇尖酸、苛刻的文章，準備好好地嘲弄林肯一番。

可是，這樣的攻擊非但無法達到目的，林肯去世之後，他被認為是只會憑著筆桿挖苦別人的刻薄小人，遭到輿論更嚴厲的批評。

英國詩人斯溫伯恩曾經寫道：「人們在尖刻的話語和機敏的辯才中摘不到果子，在他們搖撼大樹的根部時，得到的是扎人的刺。」

要求自己行事圓融，在措詞方面盡可能小心謹慎，起初可能會因爲不符合自己的個性，而讓你覺得扭捏爲難，但是，只要習慣這種爲人處世的手腕之後，你就不會覺得心裡彆扭了。

我們不難見到，不說武斷話語的人，雖然本身不善言辭，但是，他們說出來的意見通常會受到別人的讚許。

想要擁有和諧的人際關係，就必須記住：話語往往是傷人的利器，避免與人結怨的方法是，不要爲了滿足自己一時的虛榮，而爲了小事與人爭執不休。

說話之前，嘴邊的每一句或每一字都要加以斟酌，任何容易引起別人反感或是可能傷害別人的言詞，千萬不要脫口而出。

罵人不必帶髒字

這是人性的弱點：人人都喜歡表露感情，以致在內心的衝動中暫時忘掉了日常生活中的利益。

——車爾尼雪夫斯基

嘴上功夫學問很大

說話，要懂得什麼時候說什麼話；說了，還要為自己說過的話負責。不巧言、不令色，有時反而突顯你的不識時務。

人與人之間的溝通，懂得如何說話、說些什麼話、怎麼把話說到對方心坎裡，這些都是很重要的地方。

嘴上功夫看似雕蟲小技，卻有可能因此扭轉你的一生。

西漢初年，漢高祖劉邦打敗項羽，平定天下後，開始論功行賞。這是攸關後代子孫的萬年基業，群臣們自然當仁不讓，彼此爭功，吵了一年多還吵不完。漢高祖劉邦認為蕭何功勞最大，就封蕭何為侯，封地也最多；但群臣心中不服，私底下議論紛紛。

封爵授祿的事情好不容易塵埃落定，眾臣對席位的高低先後又群起爭議，許多人都說：「平陽侯曹參身受七十次傷，而且率兵攻城掠地，屢戰屢勝，功勞最多，應當排他第一。」

劉邦在封賞時已經偏袒蕭何，委屈了一些功臣，所以在席位上難以再堅持己見，但在他心中，還是想將蕭何排在首位。

這時候，關內侯鄂君已揣測出劉邦的心意，於是就順水推舟，自告奮勇上前說道：「大家的評議都錯了！曹參雖然有戰功，但都只是一時之功。皇上與楚霸王對抗五年，時常丟掉部隊，四處逃避，蕭何卻常常從關中派員填補戰線上的漏洞。楚、漢在滎陽對抗好幾年，軍中缺糧，也都是蕭何輾轉運送糧食到關中，糧餉才不至於匱乏。再說，皇上有好幾次避走山東，都是靠蕭何保全關中，才能順利接濟皇上的，這些才是萬世之功。如今即使少了一百個曹參，對漢朝有什麼影響？我們漢朝也不必靠他來保全啊！你們又憑什麼認為一時之功高過萬世之功呢？所以，我主張蕭何第一，曹參居次。」

這番話正中劉邦的下懷，劉邦聽了，自然高興無比，連連稱好，於是下令蕭何排在首位，可以帶劍上殿，上朝時也不必急行。

而鄂君因此也被加封為「安平侯」，得到的封地多了將近一倍。他憑著自己察言觀色的本領，能言善道，舌燦蓮花，享盡了一生榮華富貴。

孔子說：「巧言令色，鮮矣仁。」但是，在這個時代，不巧言、不令色，並不能彰顯你的仁德，有時反而突顯你的不識時務。

說話，要懂得什麼時候說什麼話；說了，還要爲自己說過的話負責。一個人如果不是眞才實料，如果沒有眞知灼見，從他嘴裡吐出來的話也許吸引得了人一時，卻不能蒙蔽他人一世。巧言令色的前提，是胸中有大志。

罵人不必帶髒字

提防不狂吠的狗，小心不冒煙的湯；不喜歡當面誇獎別人的人，不代表他不喜歡在背後挖苦別人。

——柯尼克斯

說話不能只顧自己過癮

說話，通常不是說給自己聽，而是說給別人聽；既然如此，你怎麼能不考慮一下別人聽了這些話，會有怎麼樣的解讀呢？

說話說得好，不如說得巧。

不要以爲自己很聰明、很機巧，說話很會拐彎抹角，否則就很容易得罪別人，到最後連自己怎麼死的都不知道。

一句話可能令你晉位升爵，但也有可能爲你惹來殺身之禍，如果不能融會貫通說話的學問，那就最好少說爲妙。

三國時期的楊修，在曹營內任主簿；他為人才思敏捷，為當時不可多得的人才之一，但是由於個性十分恃才自負，屢次得罪曹操而不自知。

某次，曹操建造一所花園，峻工後，曹操四處觀看，不發一語，只提筆在門上寫了一個「活」字，想和手下人來打個啞謎。

眾人看了都不解其意，只有楊修笑著說：「『門』內添『活』字，乃『闊』字也。丞相是嫌園門太窄了，想擴寬它。」

於是，手下們再築圍牆，改造完畢又請曹操前往觀看。曹操看了非常高興，一問之下，知道楊修毫不費力就解出自己出的謎題，嘴巴上雖然稱讚幾句，但心裡卻很不是滋味。

又有一天，塞北送來一盒酥餅，曹操在盒子上寫了「一盒酥」三字。正巧楊修進來，看了盒子上的字，竟不待曹操開口，逕自取來湯匙與眾人分食那一盒糕餅。曹操被他大膽妄為的行徑嚇了一跳，此時，楊修嘻嘻哈哈地說：「盒子上寫明了一人一口酥，我又怎麼敢違背丞相的命令呢？」

曹操聽了，雖然勉強保持風度、面帶笑容，心裡卻十分厭惡楊修這種得了便宜還賣乖的行為。

曹操生性多疑，深怕遭人暗中謀害，因此謊稱自己在夢中會不自覺地殺人，告誡身邊侍從在他睡著時切勿靠近他，後來並且故意殺死一個替他拾被子的侍從，想藉此殺雞儆猴。沒想到楊修得知這件事，馬上看穿曹操的心意，當著曹操的面喟然嘆道：「丞相非在夢中，君乃在夢中耳！」

曹操哪裡經得起這樣的冷嘲熱諷，下定決心，非把楊修這個人除之而後快不可。機會終於來了。曹操率大軍攻打漢中，迎戰劉備時，雙方於漢水一帶對峙很久。曹操由於長時間屯兵，已經陷入進退兩難的處境。此時，恰逢廚子端來一碗雞湯，曹操見碗中有根雞肋，感慨萬千。

剛好夏侯惇在這時進入帳內稟請夜間口令，曹操隨口說道：「雞肋！雞肋！」夏侯惇便把這兩個字當做口令傳了出去。

行軍主簿楊修聽了這事，便叫隨行的部眾收拾行裝，準備歸程。夏侯惇見了驚恐萬分，立即把楊修叫到帳內詢問詳情。

楊修解釋道：「雞肋雞肋，棄之可惜，食之無味。今進不能勝，退恐遭人笑，在此有何益處？來日魏王必班師矣。」

夏侯惇對楊修的這一番解釋非常佩服，於是，下令營中將士打點行裝，好鳴金收兵，準備撤退。曹操得知這種情況，一口咬定楊修造謠惑眾，在他身上安了一個擾亂軍心罪，毫不留情地把他殺了。

楊修頗有些聰明，最後卻聰明反被聰明誤。他恃才傲物，只想一味誇耀自己的機智，完全不顧及別人的感受好惡；即使面對的是頂頭上司，都還要處處露一手，終於慘遭滅頂的命運。

說話，通常不是說給自己聽，而是說給別人聽；既然如此，你又怎麼能不考慮一下別人聽了這些話，會有怎麼樣的解讀呢？一個眞正懂得說話的人，不見得字字珠璣、句句含光，但是，他總是能說出對方想聽到的話。

罵人不必帶髒字

一個人心靈好壞，從行動中便能表現出來，就像蚊子用嘴吸的是血，蜜蜂用嘴釀的是蜜一樣明白。

——哈尼族諺語

把話說進別人的心坎裡

法蘭西斯・培根在《論辭令》裡說：「用適當的話向我們想要交涉的人談話，是比我們言辭優美、條理井然更要緊的。」

作家馬可瑞茲曾經寫道：「最具有殺傷力的話，並不是胡亂編造的假話，而是根據事實加油添醋的真話。」

的確，以事實爲基礎進行的諷刺，是最高明的「激將法」，不僅可以達到「罵人不帶髒字」的效果，讓當事人找不到反駁的著力點，更可以牽著對方的鼻子走。不過，使用這種方法必須留意言詞的尺度，別讓對方惱羞成怒。

戰國時，縱橫家說客蘇秦很懂得說話的技巧，有一次，他跑到齊國，對齊宣王宣揚他的「合縱」主張。

蘇秦為了使齊宣王帶頭推動合縱策略，便從齊國的地勢、兵力說到了齊國都城臨淄的繁榮情況，其中提到了下面一段話：「臨淄有七萬戶人家，我大概估計一下，平均每戶男子三人，不必到外縣去徵兵，就足足有二十一萬人。而且，臨淄地方很富庶，百姓家道也殷實，生活頗為安樂，街上的人潮熙熙攘攘，行人、車輛多得難以計數。車碰軸木，人碰肩頭；眾人把衣袖舉起來，便像帳幕一樣，足以蔽日；每人揮一把汗，簡直就像天上下了雨。」

說到這裡，蘇秦頓了一下，故意譏刺齊宣王：「以您的賢德，加上齊國的強大，天下根本沒人能夠與您匹敵。可是，您現在竟然屈服於秦國，我實在替您感到羞恥。」

說完這些，蘇秦告訴齊宣王「寧為雞口，勿為牛後」的道理，又進一步分析了當時各國的形勢和國力強弱，強調齊國推動六國合縱的優點。齊宣王被他巧妙的說詞打動，遂表示願意參加「合縱」的陣營。

法蘭西斯·培根在《論辭令》裡說：「用適當的話向我們想要交涉的人談

話，是比我們言辭優美、條理井然更要緊的。」

蘇秦能言善道，是戰國時代出了名的縱橫家，爲了說服各國參與合縱策略共同對抗秦國，可說是使盡了全力。

蘇秦的說服要訣，就是「把話說進別人的心坎裡」，譬如，他晉見齊宣王時，除了從齊國的地理優勢談起，更吹捧齊國不但地大物博，國力興盛，光人力資源就是他國未及之處。

「張袂成陽，揮汗成雨」，短短數言便傳神地道出齊國國都臨淄的熱鬧盛況。齊宣王聽了這番讚美的話語自然很受用，對於蘇秦接下來的諷刺，也就比較聽得進去，讓蘇秦達成說服的目的。

罵人不必帶髒字

人們常常以為自己正用理性來支配言語，偏偏大部分時候是言語在支配自己的理性。

——培根

針鋒相對不是最好的策略

談判是以理服人。

把自己的原則、目標、利益及妥協的辦法，

拿出來與對方磋商，才是至關重要的。

面對壓力，要先控制自己的情緒

想當一個罵人不帶髒字的高手，面對對手的攻擊，要能有效控制自己的情緒，就算處於再大的壓力下，也能鎮定自如。

雖然我們都知道狗仔隊喜歡捕風捉影、無中生有，但是喜歡這種腥羶新聞，甚至把它當作八卦大肆傳播的人卻不在少數。

萬一遇到這種狀況，就必須發揮「罵人不帶髒字」的幽默，才能全身而退。

美國前國務卿季辛吉，有一次前往德黑蘭作短暫停留。當天夜晚，伊朗首相邀請他欣賞著名的舞女帕莎的表演。

帕莎的表演精采極了，季辛吉專心一意地欣賞著。帕莎的舞蹈表演結束後，他還跟她聊了好一下。

這些自然都看在追蹤而來的新聞記者眼裡，其中一名記者上前打趣地問季辛吉說：「您喜歡她嗎？」

季辛吉心想這幫好事之徒，總愛捕風捉影，不放過任何一個可以用來大作文章的機會，心裡很不是滋味。

但是，他表面上仍然裝作若無其事，一本正經地答道：「不錯，她是個美麗動人的姑娘，而且對外交事務有濃厚的興趣。」

季辛吉同時擺出一副非常在意這位舞女的姿態。

那位記者一聽，以為有條大新聞可以到手了，於是不知不覺的走進了他的圈套，連忙問道：「真的嗎？」

「還會有假嗎？」季辛吉將誘惑他的手段運用到極致後，又說：「我們在一起討論限製戰略武器會談，我費了些時間向她解釋，怎樣把SS-7導彈改裝成在U級潛艇上發射。」

記者本想從季辛吉的答話中，尋找類似他傾倒於舞女帕莎的緋聞，好大肆渲染一番，沒想到季辛吉與舞女說的都是外交事務上的問題，真令人索然無味，白高興了一場。

季辛吉擅於控制自己的情緒，輕鬆地打發媒體。

如果他眉飛色舞，或是因厭惡而發怒，正是這位記者最想看到的場面，結果必然會在一些傳媒上大書特書。

高明的季辛吉對於記者的蓄意挑釁，並沒有被情緒牽著鼻子走，始終用平靜的心態從容應付，令記者自討沒趣。

想當一個罵人不帶髒字的高手，也必須像季辛吉一樣，面對對手的攻擊，要能有效控制自己的情緒，就算處於再大的壓力下，也能鎮定自如。

罵人不必帶髒字

人性當中，總是愚蠢的部分多於理智的部分，所以，懂得誘發別人的愚蠢的人，才是最聰明的。

——法蘭西斯・培根

少一點批評，多一點反省

不要讓批評流於一味的譏諷與謾罵，多一點關懷式的建言，才能讓人與人之間有良性的溝通和交流，以和諧的步調攜手共進。

批評人容易，在口舌上爭輸贏也很簡單。但是，當這些動作都表現出來之後，我們到底是擁有了更多，還是會失去更多？

與人相處別再逞一時口快，因爲那並非性情直率的表現，而是受制於情緒所反射出來的言行舉動。

再者，這些情緒化的表現，也正是我們評斷一個人處事成熟度的重要標準。

據說，林肯年輕的時候非常喜歡評論是非，不僅經常寫詩來諷刺別人，甚至還將批評別人的信故意遺落在鄉間路上，等著人們撿拾，再交給信中的批評對象。這樣好批評的個性一直緊跟著林肯，雖然他後來進入了嚴謹的律師工作環境，但這個毛病卻一直無法糾正。

一八四二年的某一天，林肯在報上寫了一封匿名信，諷刺當時一位自視甚高的政客詹姆士．席爾斯。

被點名嘲諷的席爾斯對此相當憤怒，透過關係查出了寫信的人名叫「林肯」，於是他立即前往林肯住處，並下戰帖要與他決鬥。

林肯沒有想到惱羞成怒的席爾斯會向他下戰帖，這個結果令他十分苦惱：「唉，為什麼要決鬥呢？但是不和他決鬥的話，他一定又有話說了。」

雖然林肯滿心不願意，但迫於情勢也只好接受挑戰了。他向一位畢業於西點軍校的朋友學習劍術，然後選擇騎兵的腰刀作為武器。

只是，原本鼓足勇氣要迎戰的林肯，最後卻在朋友力勸下休兵了：「退讓一步吧！兩個人為了一封信而大打出手，若是結果有了死傷，划得來嗎？」

林肯在最後一刻冷靜了下來，他學會了與人相處的藝術，也更加明白出於自己嘴裡每一句話的重要性：「我不能再寫信罵人了，不能再任意嘲諷或指責別人了！試想有誰的自尊心願意被傷害？傷害別人的自尊心真是件惡劣的行為！」

因此，南北戰爭爆發時，面對他所提拔的將士們在戰場上節節敗退，林肯始終不發一言。當全國人民都在大罵那些將領之時，林肯始終只有一句話：「不要議論別人，別人才不會議論你！」

此外，當林肯太太和其他人大肆批評南方人士時，林肯也不願參與論斷，只淡淡地告訴他們：「不要批評他們，因為換做是我，在相同的情況下，或許我也會和他們一樣。」

退一步想，換個角度將心比心，每個人在選擇自己的人生時總有一些理由和想法。即使只是簡單的問題，我們也只想用最適合自己的方式去面對，正因爲方式因人而異，所以不可能獲得每一個人的認同與支持。

因此，無論我們對彼此的行爲再怎麼不認同，也不必冷嘲熱諷猛批對方，或是議論他人的是非對錯。

畢竟那是他選擇的人生方式，只要他過得自在快樂，沒有影響或干擾到任何人，那麼無論我們多麼不以爲然，都一定要懂得「尊重對方」。

一旦人們的自尊心受到傷害時，許多人解決的方法都相當極端，他們不是完全放棄自己，自暴自棄，就是像故事中的席爾斯一般拼了命地報復。

所幸，林肯在面對決鬥的最後關頭及時罷手，才未釀成更大的傷害。

與人相處要懂得將心比心。沒有人期待被否定，也沒有人應該被否定，不要讓批評流於譏諷與謾罵，多一點關懷式的建言，才能讓人與人之間有良性的溝通和交流，以和諧的步調攜手共進。

罵人不必帶髒字

如果你想對你的敵人保守秘密，就不可以將它告訴你的朋友。

——富蘭克林

用對方的邏輯來回答問題

甘羅以其人之道，還治其人之身，讓秦始皇自打嘴巴，啞口無言，不僅保全了君王的顏面，也保全了家人的性命。

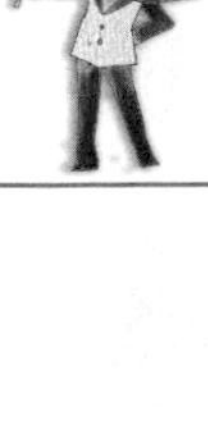

歷史上有許多以「機智」聞名的人物，除了天資聰穎之外，他們還有足與聰明相輔相成的膽識，以及臨危不亂的反應，經常令人們嘖嘖稱奇，廣爲流傳。

你的大問題，到了他們手上可能根本不值得一提；爲什麼他們能夠這麼與眾不同？那是因爲思路不同，想法不同，所以看事情的角度也不同。其實，只要腦筋稍微轉彎，任何人都可以和他們一樣優秀！

史上最暴戾的皇帝秦始皇焚書坑儒、殺人無數，對他說過「不」的人，從來沒有一個還能見到第二天的太陽。眾人對這個殘忍的暴君是又怕又恨，敢怒不敢言；雖然說「合理的要求是訓練，不合理的要求是磨練」，但是對秦始皇來說，世事沒有什麼合不合理，有的只是他「喜歡」，以及他「一定要」。

一次，秦始皇篤信方士的話，認為吃了公雞蛋就可以長生不老，因此命令朝中一位大臣前去尋找傳說中的公雞蛋。任誰都知道，這個世上沒有公雞蛋，可是皇上非得到不可，這該怎麼辦呢？大臣年事已高，對這道命令束手無策，只好坐在家中唉聲嘆氣，算算自己將屆的死期。

「爺爺！您有什麼心事嗎？」十二歲的甘羅看到爺爺愁眉不展地在房間裡踱步，便上前問道。

「唉！大王聽信方士的鬼話，要吃公雞蛋以求長生不老。他命令我去尋找，要是三天之內找不到公雞蛋，我的項上人頭就不保了。」

甘羅一聽，也跟著著急起來。但他靈機一動，對爺爺說：「爺爺！您不用擔心，三天後我替您上朝去跟大王解釋。」

爺爺知道自己的小孫子非常聰明，但是再怎麼聰明的人也沒辦法在世界上找到公雞蛋。他想，反正橫豎都是一死，不如就讓小孫子試一試吧！說不定大王看在小孩子的份上，會饒了自己一命也說不定。

三天之後，甘羅不慌不忙地隨著一班大人走進宮殿。秦始皇一聽說他是那位大臣的孫子，暗想一定是他爺爺畏罪潛逃，才讓一個小孩獨自跑來宮殿；真是太過分了，根本不把自己放在眼裡！

秦始皇生氣地問：「你來幹什麼？是不是你爺爺找不到雞蛋不敢來了？」

「啟稟陛下，我爺爺不是不敢來，只是他來不了。」甘羅冷靜地說：「他在家生孩子呢！所以，我只好替他來見陛下了。」

「一派胡言！」秦始皇覺得這個胡言亂語的孩子非常有趣：「你這孩子亂說話，一個大男人怎麼會生孩子呢？」

「公雞都能下蛋了，男人怎麼不會生孩子呢？」甘羅反問道。

秦始皇一聽，知道自己被反將了一軍，但又不得不輸得心服口服。他看出甘羅人小智慧高，並稱讚他是：「孺子之智，大於其身。」

於是，十二歲的甘羅在秦始皇的賞識下官拜上卿，成了中國有史以來年紀最小的一位官員。

甘羅以其人之道，還治其人之身，讓秦始皇自打嘴巴，啞口無言，不僅保全了君王的顏面，也保全了家人的性命。這個故事說明了，只要懂得反向思考，舉一反三，找出問題的答案應該沒有想像中那麼困難。

人有千百種，紛爭永遠擺不平，但是當你能站在別人的角度，用他的邏輯來思考問題，那麼說出他想聽到的話，甚至解開他心中的結，都會更加得心應手。因爲，你用的不只是你自己的想法，還借用了別人的智慧；你說，有誰能夠比你更聰明？

罵人不必帶髒字

在生活的拳擊比賽中，天才用舌頭代替拳頭，機智幽默就他們靈活的攻擊步伐。

——麥斯勒

針鋒相對不是最好的策略

談判是以理服人。把自己的原則、目標、利益及妥協的辦法，拿出來與對方磋商，才是至關重要的。

人與人、國與國、企業與企業之間的往來，有時難免會涉及利益糾紛，這時就必須靠談判加以解決。

談判之時，如果說話語氣不明確、用詞不恰當，輕則鬧出更多誤會，重則使雙方陷入劍拔弩張的交戰狀態，不可不慎。

說話的禁忌，在談判中還有許多，如嗓門太高，用語太軟……等。嗓門太高了，就好像吵架，但談判不是在吵架，而是要獲取利益。

一九六五年秋天，前西德總理阿登納訪問莫斯科，與赫魯雪夫舉行會談。希望前蘇聯能夠放鬆對東德的控制，以及緩和對西德的敵對態度，這就是阿登納此行的主要目的。

因此，阿登納採取的是忍耐談判策略。

赫魯雪夫的粗魯無禮，是聞名世界的。談判一開始，他果然惡性不改，對阿登納大嚷大叫。

阿登納自知有求於他，始終抱持著忍耐的態度。

然而，赫魯雪夫不但沒有稍加收斂，注意禮貌，反而得寸進尺，變本加厲。因為，他把阿登納看成是一個軟弱可欺的人。如此一來，談判遂陷入僵局。

直到阿登納準備離蘇回德時，赫魯雪夫的態度才有所緩和。

後來，阿登納實在難以忍受赫魯雪夫的粗魯無禮，於是在最後一輪談判中，採取了針鋒相對的策略。

「如果我同意你的這項建議，我肯定會看到你在地獄裡！」赫魯雪夫在回答阿登納的一項建議時說。

「若是你看到我在地獄裡，那是因為你比我先到地獄的緣故。」阿登納再也忍不住了，尖酸地回擊說。

不一定嗓門大或者說話尖銳就有理，談判是以理服人，把自己的原則、目標、利益及妥協的辦法，拿出來與對方磋商，才是至關重要。

赫魯雪夫不顧談判語言的禁忌，在阿登納面前放肆，不但貶低了自己，也損害了身爲領袖人物的形象。

針鋒相對並不是最好的策略，當你忍無可忍，不得不開口罵人的時候，不一定要口出惡言，有時就像阿登納一樣，只要順著對方的話語，淡淡地說幾句話，就能發揮「罵人不帶髒字」的功用。

罵人不必帶髒字

發表我們的看法時帶點謙虛，我們便可以隨意改變看法而不用臉紅。

——威爾遜

不要直接數落別人的錯誤

羅賓遜教授說：「倘若有人直言指正，我們卻每每故意執拗，堅持力爭。這並不是我們對自己的意見有所偏愛，而是不願意被人侵犯自己的自尊心。」

一般人一遭到批評，心中自然不高興，這情形完全由於「自我」的意識作祟，進而產生對抗心理。

所以，如果我們直接數落別人的錯誤，縱然滔滔不絕說得理由十分充足，終究難以使他心服，他必定要找出各種藉口百般辯護。

擅長寫諷刺寓言故事的俄國大作家克雷洛夫還沒揚名之前，生活過得十分拮据。有一次，克雷洛夫想要換一間比較像樣的房子，於是便前去找一位女房東簽訂租賃契約。

豈知，這個女房東十分勢利、小氣，見他衣衫破舊，擔心他會破壞屋內的各種設備，便要求他在契約上加註：如果他損壞屋內設施，必須賠償一五〇〇〇盧布。克雷洛夫聽了，心中極為不悅，但還是按捺住自己的情緒，拿起筆大方地寫下一五〇〇〇〇〇盧布。

房東見到他多填了兩個〇，呆楞了一下，以為自己看走了眼，眼前這個邋遢漢竟然是個出手大方的大富翁，態度立即一百八十度改變，諂媚地說：「謝謝您這麼大方。」

克雷洛夫見了這種情狀，笑著回答說：「這沒什麼，反正不管填多少錢，我都同樣賠不起。」

女房東聽出了他話中的諷刺，隨即明白自己的要求太苛刻了，便不再要求克雷洛夫簽訂附加條款。

羅賓遜教授所著《思想的成功》一書中，有一段文章說：「我們改變自己意見並不困難，但是倘若有人直言指正，我們卻每每故意執拗，堅持力爭。這並不是我們對自己的意見有所偏愛，而是不願意被人侵犯自己的自尊心。」

正因爲如此，人一旦遭受別人的指謫，就會產生反抗心理，非要抵禦到底不可。其實，我們犯了錯誤，自己通常會立即察覺；即使自己一時未察，如果別人用巧妙的言詞婉轉地加以指出，我們也會勇於坦承自己的錯誤，並且還覺得這種坦白是一件十分光榮的事。

因此，當我們遭遇不合理的待遇或要求時，千萬不要當面直接數落別人的過錯，也不用和對方爭得面紅耳赤，而應該學習克雷洛夫的幽默，讓對方知道自己的做法是不合理的。

罵人不必帶髒字

你的敵人和你的朋友串通起來，才能傷透你的心；他們一個毀謗你，另一個把消息傳給你。

——馬克吐溫

別用「衝突」解決問題

思維轉了個彎，玩了點心理戰術，花了點時間和技巧溝通，既沒有衝突的危機，又輕鬆杜絕了麻煩。

作家塞巴特勒曾經如此寫道：「想讓對方接受原本不想接受的看法，最好使用對方喜歡聽的語言。」

遇到煩人的人或不如己意的事，不必破口大罵，也不必試圖「曉以大義」，有時只要略施小計，就能達成自己的目的。

在溝通解決問題時，沒有什麼不能避開的鋒刃和衝突，只要我們詳加思考，任何事一定都有突破與解決的方法。

從事寫作的喬治和妻子為了遠離塵囂，找了很久的房子，最後終於找到他們理想中的居住環境。

那是一個非常安靜的郊區住宅，於是他們毫不猶豫地便買了下來。

這裡的環境真的很不錯，不僅屋前的庭院有花園草坪，後面還有一片美麗的小樹林，最重要的是這裡很安靜，這對喬治來說，是個再好不過的寫作處所。

然而有一天，這個安靜的天地，卻被樹林裡傳來的陣陣鼓聲、笛聲以及小號聲攪亂了，刺耳的聲音就像正在舉行一場露天演奏會。

喬治的妻子對這些噪音感到很不高興，於是循著聲音來到小樹林裡，發現那裡有幾個孩子正在練習樂隊演奏。

喬治的妻子見狀，便很不客氣地請他們立即離開，但是卻被他們拒絕：「我們為什麼要離開？」

孩子們翻了翻白眼，態度非常堅決，使得喬治的妻子無功而返。

第二天，這群孩子又來到樹林裡練習演奏，這次換成喬治前去和他們溝通。

喬治神情愉快地說：「小夥子，你們演奏得很不錯喔！」

孩子們聽了都很高興。

喬治接著說：「我也是個喜愛音樂的人，不如這樣，你們每天都來這裡演奏，我會付給你們報酬的。」

「你會給我們多少錢？」其中一個大一點的孩子急切地問。

「每次二十美元，可以嗎？」喬治說。

此後，一連幾天，這群孩子天天都會出現，而且演奏時都顯得相當賣力，似乎想以更大的噪音來賺取那二十美元。

但是，到了第五天，喬治卻裝出一副可憐的神情，對這些孩子說：「對不起，這幾天我的股票跌得慘兮兮，虧損了許多錢，所以現在我最多只能給你們五美元，不知道可不可以？」

這下子，所有的孩子都非常氣憤，其中年紀大一點的那個孩子更是氣得漲紅了臉，大聲地說：「哼！你休想只用五美元就要我們為你服務，我們可不是傻瓜，才不會做如此愚蠢的事情！」

只見這個大孩子怒氣沖沖，迅速地指揮樂隊撤離樹林，從此以後，喬治夫婦又回復安靜的生活了。

這可以說是一個非常有趣的解決方法，聰明的喬治猜透孩子們的心理，因此順利解決了惱人的問題。

從喬治夫婦兩個人不同的處理方式中，我們可以很清楚地發現，衝突並不是解決問題最好的方法。

他的太太想要用直接的方法來解決問題，但是不僅無法解決事情，反而增加了彼此的衝突和對立。

喬治的方法則高明多了，思維轉了個彎，玩了點心理戰術，花了點時間和技巧溝通，既沒有衝突的危機，又輕鬆杜絕了麻煩。

罵人不必帶髒字

不要把一切都告訴人家，但也絕對不要說謊。你也許已經注意到，最愚昧的人就是最愛說謊的人。

——切斯特菲爾德

用委婉的口氣說出批評的話語

每個人都設身處地的替人著想，哪裡還會有什麼不滿的情緒？更別說會造成什麼人與人之間的隔閡、代溝了！

有一句話說：「人必自重而後人重之。」這句話是提醒人要時時注意自己的行為得不得體。然而，一個人太過「尊重」自己，往往會變成「自視過高」，甚至「自私自利」，凡事只想到自己的評價。

「自重」也許會讓別人不能不「重視」你的存在，但是只有當你也以同等的尊重對待別人時，別人才會打從心底的「尊重」你。一個懂得尊重別人的人，在世界的任何一個角落，都能輕易找到自己的位置。

讀書時，小林曾在美國的一家速食店打工。

剛上班不久，他對工作的程序還不熟練，錯把一小包糖當作奶精給了一個女客人。

因為他一個小小的疏忽，使得這位女客人非常生氣。也許是因為她正在減肥，或是才剛失戀，她當著所有客人的面大聲對小林咆哮，簡直把那包糖當成毒藥：「你幹什麼給我糖？難道還嫌我不夠胖？」

那時的小林初來乍到，完全不懂減肥對美國人來說是一件多麼沉重的事，呆呆楞在那裡，不知所措。

速食店的女經理聞聲而來，沉著冷靜地面對這一切，在小林耳邊輕輕地說：「如果我是你，我會馬上道歉，並且把她要的東西快點給她。」

小林照經理的吩咐做，致上最誠摯的歉意。那位客人有了台階下，數落了幾聲就放過他了。

闖下這個大禍，小林忐忑不安地等著經理出來判決他的刑責。沒想到經理只是過來對他說：「如果我是你，我會在下班後把這些東西認認真真熟悉一下，以後就不會再拿錯了。」

不知道為什麼，這一句「如果我是你」竟然使小林非常感動，好像聽到的是一位朋友的意見，而不是上司的命令，他有一種受到「尊重」的感覺。

後來，可能他比較幸運，無論他在學校上課，在其他地方打工，不管是老師也好，老闆也好，他們明明是提出不同意見，明明是在批評哪裡不好，他們卻很少會直接的責問，他們不會大剌剌地說：「你怎麼能這麼做？」「你以後不能再這麼做！」而一樣是用委婉的口氣說：「如果我是你，我大概會……」

這種交談方式使小林完全不感到難堪，不感到沮喪，取而代之的是一點溫暖和幾許鼓勵。

只是多了那麼幾個字，一下子就站到了對方的立場。大家站在同一陣線，每個人都設身處地的替人著想，哪裡還會有什麼不滿的情緒？更別說會造成什麼人與人之間的隔閡、代溝了！

小林時常想：「真奇怪，怎麼我碰到的老外就這麼會做人？他們真懂得說話的藝術，可以把話講到人的心坎裡。」後來，他發現他們之所以會如此說話，是因為他們打從心底這麼想。

當你眞正尊重別人，你說出來的話也會像沾了蜂蜜一樣甜，而且你所沾的是天然的蜂蜜。

還是那句老話：「人必重人而後人重之。」

如果想要得到別人的禮遇，先問問你自己付出了多少。你不比任何人矮一截，同樣的，也沒有任何人比你矮一截。

如果我是你，我會學習打從心底地去尊重別人；這話不只是要說給別人聽，更重要的，是要說給自己聽。

罵人不必帶髒字

一個人最大的不幸是，既不懂得什麼是幽默風趣，又不知道如何保持安靜。

——拉布耶呂

以和為貴才能事半功倍

誰的面子你都可以不必理睬，但是至少你要為自己想想，為了達到更高的成就，凡事我們都應該以和為貴。

爭吵不僅苦了別人，更苦了自己，因爲任誰在仇怨與對立中生活，他們的情緒肯定惡劣，更別提展顏笑容了。

惡言相向的日子永遠比不上笑顏生活來得輕鬆自在，所以能忍一時並退一步爲別人著想，其實最大的受惠著始終是我們自己！

這天，乾隆在和珅與劉通訓的陪同下，一同到承德避暑山莊觀景、賦詩。

望著煙雨樓前的湖面，碧波蕩漾，美不勝收，轉頭西望則是重巒疊嶂，乾隆皇隨口說出：「什麼高，什麼低，什麼東來什麼西。」

劉通訓一聽，也隨口和道：「君子高，臣子低，文在東來武在西。」

只見乾隆點了點頭，但這一幕看在和珅的眼底卻十分不是滋味，只因劉通訓的文采比他強。雖然不高興別人的才情高於他，但是和珅確實才華不夠，這會仍得花些時間想一想如何應對。

不一會兒，他說：「天最高，地最低，河（和）在東來流（劉）在西。」

果然是小氣的和珅才想得出來的對句，非得用諧音為自己扳回一城不可。他藉著皇家禮儀中，東為上首西為下的習俗暗示劉通訓：「你這個老傢伙雖然是三朝元老，但始終在我和珅之下。」

這樣的譏諷果然激怒了劉通訓，只見他瞪著和珅，似乎恨不得立即教訓和珅一頓，以消胸中怨氣。

這時，乾隆又要兩個人以水為題，各拆一個字與一句俗語，然後再作成一首詩來與眾人分享。

只見劉通訓望著水中的自己，一副老態龍鍾的模樣，轉眼卻見和珅自負得意之形，忽然靈機一動，詠道：「有水念溪，無水也念奚，單奚落鳥變為雞，得意的狐狸歡如虎，落坡的鳳凰不如雞。」

和珅一聽，當然聽出了劉老一方面暗自誇讚自己的才華，另一方面則諷刺他是狐狸、雞，這當然令不願輸人一截的和珅十分不滿，立即反唇相譏：「有水念湘，無水還念相，雨落相上便為霜，各人自掃門前雪，哪管他人瓦上霜。」言外之意，正想暗示劉通訓顧好自己即可，別再多管閒事。

說了那麼多劉通訓與和珅的交戰，乾隆皇哪兒去了呢？

一向聰明過人的乾隆皇帝當然也沒閒著，他聽見這兩個臣子以詩交戰，自然察覺出他們的不和與較量的弦外之音。

於是，他面對著湖水說：「朕也來對上一首吧！有水念清，無水也念青，愛卿協心便有情，不看僧面看佛面，不看孤情看水情。」

和珅與劉通訓聽罷，心中為之一驚，臉上滿滿的羞愧顏色。因為他們聽出皇上要他們同心協力的期望，兩個人因而醒悟，立即拜謝皇上。

沒有人可以擁有完美無瑕的人際關係。就算是待人接物高人一等的人，也只不過是比我們懂得什麼叫做「忍」，也比我們更了解，當個可以協調人際溝通的和事佬，總是比每天與人計較、爭執來得快樂。

所以，與其漲紅了臉等待報復或回擊對手，不如退一步想想：「再吵下去，根本是在浪費生命，無謂的對立和爭鬥對我們又有何好處呢？」

與人起爭執時，別忘了冷靜地想一想。別管你的地位在誰之上，也別計較你在誰之下，何須執著於形式上的位階，一定要較量出高下？

我們在日常生活中，不也曾像和珅與劉通訓一般，與同一個屋簷下的人不斷爭執，甚至惡意中傷身邊的伙伴？最終目的竟只是爲了爭名奪利，試問值得嗎？誰的面子你都可以不必理睬，但是至少你要爲自己想想，爲了達到更高的成就，凡事我們都應該以和爲貴。

罵人不必帶髒字

何謂友誼？酒後輕易的烈焰，說人壞話的自由會談，閒來無事和虛榮心的交換，或者就是遮羞的情面。

——普希金

用幽默的言語保護自己

幽默是一把雙刃劍，既可以保護自己，
也可以給對手留下足夠的面子；
既可以用它來進行攻擊，
又可以使它成為彼此關係的黏著劑。

刻畫人性的幽默表現方式

幽默，不需要過多的話語，也不需太多的描述，真正的幽默往往有意味雋永的深意，值得領導者加以活用。

恩賽丁曾說：「當我們的社會廣泛地通過一種幽默而聯成一體，當每一位公民被笑征服時，那我們便能永久地置身在祥和的氣氛中。」

的確，幽默是我們最佳補品，我們的生活需要笑，人生更需要幽默，即使是在事業上，面對上司與下屬仍然需要笑與幽默。

那麼，幽默究竟在哪些場合和哪種環境，最能顯示它的魅力和功用呢？

有一天，劇作家蕭伯納接到一位小女孩的來信，信中寫道：「蕭伯納先生，您是我最崇敬的一位劇作家，為了表示我的敬意，我打算用您的名字來命名一條別人送給我的小獅毛狗，不知您意下如何？」

蕭伯納給小女孩回信說：「親愛的孩子，讀了來信頗覺有趣，我贊成妳的想法。但是，妳必須與妳的獅毛狗談談，問問牠的意見如何。」

幽默對幼稚和純眞總是不吝嗇自己的愛，由此折射出長者宏大、寬厚的優秀品格，從而在忘年之間傳導出人類那種最原始的人性。

中國古典名著《儒林外史》中，作家吳敬梓也曾塑造一個吝嗇已極的讀書人形象。他筆下的嚴貢生一輩子勤奮讀書，老實做人，一生貧困潦倒，也養成了極其節儉吝嗇的習慣。吳敬梓對他用墨不多，但這個藝術形象卻躍然紙上，栩栩如生。原因何在呢？

原因在於吳敬梓使用了幽默表達方式。

就在嚴貢生病重臨終的時候，床邊圍了很多親友和家人，嚴貢生一會兒昏死過去，了無聲息，一會又醒來，就這樣反覆多次。於是，家人便問他，是否還有什麼事未能如願，但是他已經完全不能再說話了，只能勉強伸出兩隻顫抖的手指。

看著這個動作，卻沒有人明白這兩個指頭代表什麼意思，於是，有人把他的一位最知心的朋友請來。

這位老朋友聽說這個情況，一進門就注意觀察，最後才發現，放在嚴老先生床前的油燈多了一根燈芯，因為平日只用一根燈芯的。於是，他叫人吹去其中一根，就在吹滅其中一根之後，嚴老先生果然很釋然地嚥了氣！

吳敬梓爲了將這位讀書人的吝嗇和節儉，入木三分地刻畫出來，很巧妙地用了幽默的表達方式，抓住他在死的最後一刻的表現，加以渲染、誇張，深刻地刻畫出人物的強烈性格。

魯迅也曾採用類似的筆法，描寫一個老和尙的虛僞，揭露佛門聖地的僞善。

一個很有名的寺廟裡，有位年過古稀的老和尚，在臨終前一直未能安息，於是有人建議找個女人脫光衣服，讓老和尚看上幾眼，也許他就能安然而去。沒想到，在女人脫光衣服之後，老和尚說了句意味極深長的話：「原來和尼姑是一樣的！」說完之後，他便閉目離去。

魯迅的意思其實也很清楚，既然老和尙知道一般女人的身子和廟裡的尼姑別無二致，那就是說，他也曾與尼姑私通，簡單的一句話，可說是寓意深遠。

這就是魯迅式的幽默，它不需要過多的話語，也不需太多的描述，寥寥數筆便能勾勒出人物的輪廓，其諷刺力量之深，不僅深刻雋永，更讓人激盪思考。這幾個幽默的故事，不只是讓人會心一笑，同時也發人深省，有所思考與感悟。這種幽默與一般的笑話不同，說明真正罵人不帶髒字的幽默往往有意味雋永的深意，值得我們加以活用。

其實，赤裸裸地責備、批評、挖苦，往往會造成反目成仇，特別是在雙方並不存在對等位置的時候。如果對方是你的上司，你的前途就有可能受到影響；如果對方是你的下屬，在他的心裡也會對你產生一定程度的反感。

罵人不必帶髒字

一個念念不忘舊仇的人，它的傷口就永遠難以癒合，儘管那本來是可以痊癒的。

——培根

不要用舌頭滿足自己的虛榮

壓倒對方，除了滿足自己的虛榮，又能獲得什麼實質益處呢？對方並不會因此而改變，只會對你產生排斥的心理。

世間盡是好發議論、喜歡附會風雅之徒，連見識淺薄、不識之無的人，也喜歡在大庭廣眾喋喋不休或舞文弄墨；如何裝聾作啞，無疑是處世的一大要訣。人在不同的生活環境成長，自然會形成不同的立場、想法、價值觀念、意識型態。既然如此，又何苦彼此爭論不休呢？

有一位將軍是個大老粗，卻偏偏認為自己有寫詩的才華，硬要別人叫他「儒將」，而且三不五時就要把自己的「大作」拿出來炫耀一番。有一天，這個將軍又完成了一首詩，碰巧一個參謀前來請示軍務，將軍便要參謀將自己的「詩作」品析一番。

參謀看完之後，皺著眉頭說：「論行軍打仗，您絕對是第一流，但是論寫詩，恐怕只能算是第九流。」

將軍聽了，臉色一沉，立即命令士兵將這個參謀關到軍營後面的豬圈，大罵說：「你這傢伙跟豬一樣沒品味，活該跟那些豬關在一起。」

第二天，將軍又寫了一首詩，便命令士兵把參謀帶到營中，對他說：「我一定要用這首詩感動你的豬腦袋。」

參謀看了將軍的詩作一眼，便低著往外走。將軍看得莫名其妙，連忙叫住他：「你要去哪裡？」

參謀十分無奈地說：「報告將軍，我自動回去豬圈當豬！」

富蘭克林年輕的時候血氣方剛，經常和別人爭論激辯，企圖壓倒別人，突顯自己的才學、見識。一位老朋友看不過去，便勸告他說：「每當別人的意見與你相左，你就好像鬥雞一樣和對方爭執不休。這種惡習，使得大家逐漸和你疏遠，討厭與你交談。再這樣下去，你將會失去所有的朋友。」

這番話在富蘭克林心中產生劇烈衝擊。他領悟到自己所獲得的，只是表面的勝利；將對方駁倒，心中固然很舒服，但是，被自己駁倒的一方，自尊心受損，產生了對抗心理，更加不可能贊同自己的意見。富蘭克林悟透這層道理之後，開始避免和別人爭論。

嚴格來說，懂得裝聾作啞的人，比喜歡說話的人更聰明。在言詞上壓倒對方，除了滿足自己的虛榮，又能獲得什麼實質益處呢？對方並不會因此而改變自己的立場、想法、價值觀或意識型態，只會對你產生排斥的心理。

就像前述那位參謀一樣，即使將軍用強迫性的手段要他誇獎自己的詩寫得很好，他還是寧願回豬圈當豬。問題是，到底誰才是豬呢？

罵人不必帶髒字

愚人把所有的談話都看成炫耀賣弄的大好時機，藉以滿足自己的虛榮。

——史蒂文森

做一個推翻自己的人

值得用心的事情太多了，何必為小事而生氣，做一些毫無建樹的口水戰？推翻別人，只是浪費力氣而已。

每個人都無可避免地會有缺點，也都會有讓人看不順眼的地方，天底下沒有十全十美的人，不是嗎？

既然我們可以容忍自己的缺點，那麼，我們爲什麼不能以同樣的態度，來面對其他人不完美的地方呢？

仇恨、冷漠、紛爭、僵局都是人類自己所造成的，只有當你放下驕傲的自我，才能更接近廣大的世界。

能夠推翻自己的人，才有更高更遠的理想，昨日死，今日生，迎接他們的是更寬廣更遼闊嶄新的一天。

艾柏是個著名的專欄作家，文字每天都會出現在報紙上，偶爾評論時事，偶爾抒發己見。他的文學風格既尖酸又辛辣，罵人不帶髒字，卻又十分直接貼切，讀者們正是欣賞艾柏這點敢作敢言的豪氣，因此艾柏的名氣扶搖直上，擁有廣大的讀者群。

不過，這同時也為艾柏引來許多爭議，有的人看不慣艾柏這種刻薄傲慢的態度，紛紛寫信來開罵，常常把小事化大，鬧得滿城風雨。艾柏也有他的一套做法，當他接到一些讀者的來信，對他的文章表示不以為然時，艾柏完全不以為忤，大方地在回信裡寫道：「回想起來，我也不完全同意自己，我昨天寫的東西，今天就不見得滿意，很高興知道了你的意見，並謝謝你不吝賜教，如果有機會的話，歡迎你當面與我互相討論、交換意見。」

「與其與人結怨，不如與人結誼」，艾柏深知這個道理，他這種做法往往能成功地平息那些不滿人士的怒氣，有時還從中結交了不少珍貴的知己。艾柏把他們當作寫作的路途中，一項得來不易的收穫。

打開電視，往往看到許多政治人物的口水戰，雙方你一言、我一語，互不相讓，台灣簡直是個快被口水淹沒的寶島，因爲大家只懂得前進，不懂退讓，更別提以退爲進的深奧學問了。

就像艾柏一樣，他不浪費時間在一些無謂的反擊上，反而以謙遜的態度面對他人的批評，換做是你，你還好意思繼續批評嗎？

你的批評，不過顯示了自己的小氣，襯托出對手的風度罷了。値得用心的事情太多了，何必老是爲小事而生氣，做一些毫無建樹的口水戰？推翻別人，只是浪費力氣而已，就算展現了對方的無能，對自己又有什麼幫助呢？

罵人不必帶髒字

一個人想要在生存鬥爭中獲勝，要嘛得有智慧，要嘛得有野獸一般的心腸。

——高爾基

讚美，是最有效的溝通

法蘭西斯·培根曾說：「與別人交際應酬之時，得體的讚美，比口若懸河更為可貴。」

俄國大文豪托爾斯泰在《戰爭與和平》裡，強調讚美別人的重要性。他說：「即使是在最好的、最友愛、最單純的關係中，稱讚也是不可少的。正如同要使輪子轉得滑溜，潤滑劑是不可少的。」

讚美的話人人愛聽。要獲得別人的信賴、擁戴，就必須想辦法多稱讚對方，不瞭解稱讚藝術，只會一味責罵的人，很難成就一番大事業。

唐朝末年有位學者殷安，經常慨嘆社會混亂，倫常乖舛。

有一天，他又大發牢騷，對學生們說：「自從盤古開天地以來，夠資格被後世尊奉為聖人的，就只有五個人。第一位是具有神性之德的伏羲氏，再來是教導黎民開田墾地的神農氏、伐紂抗暴制禮作樂的周公、教化萬民倫常道德的孔子……」

殷安邊說邊彎下四根手指頭，說到這裡，他想了一想，搖搖頭說：「除了這四位，就再也找不出夠資格的人了。」

「不，老師，第五位聖人就是您。」這時候，一位弟子適時奉承地說。

殷安聽了這番奉承的話，表情突然嚴肅了起來，不太好意思地回答說：「不，我還沒有資格……」

可是，不知不覺間，他已經將第五根手指彎了下來。

這個故事說明了，每個人的潛意識裡，都有強烈的自尊心和虛榮感，認為自己比別人聰明、優秀，而且希望別人能夠對自己加以肯定；即使言行舉止表現得再謙沖的人也不例外。

因此，交際應酬時，應該掌握人性的這項重要特質，儘量滿足對方想獲得稱讚的心理需求，不要喋喋不休地談論自己。

法蘭西斯．培根曾經這麼說：「與別人交際應酬之時，得體的讚美，比口若懸河更為可貴。」

讚美是最有效的溝通方法，可以瞬間縮短彼此的心理距離。

處世之道，貴在禮尚往來。不論在什麼場合，想要獲得別人的信賴、擁戴，就必須多稱讚對方。

不瞭解稱讚藝術，只會一味用舌頭責罵別人的人，在人生道路上必定困難重重，很難成就一番大事業。

罵人不必帶髒字

言語對於普通人來說，是用來交流思想，但是對聰明人來說，則是用來掩蓋思想。

——英國思想家索斯

幽默是最好的潤滑劑

幽默的領導人物，無論走到哪裡都會使氣氛活躍起來，相較之下，缺乏幽默感的領導人往往到處碰壁。

每個人都希望和別人和諧相處，也深信和氣能生財，但事實上，我們表現出來的行爲卻經常與這些想法相左。

當我們試圖說服對方，或者爲自己的言行進行辯解時，往往容易感情用事，表現衝動，從而引發不必要的爭吵及矛盾，所以，怎樣學會包裝修飾，讓對方能輕易理解與接受，是相當重要的。

遇上衝突，除了幽默，就沒有其他更好的化解方法了。

特別在商界的應對上，絕大多數的會議和交涉，最終的目的就是要設法說服別人，接受自己的意見和條件，如果稍微沒有把握好，很容易就會變成攻擊性的爭吵和對峙，不僅傷了和氣，更可能失去了一個生意上的好夥伴。

那麼，我們是不是應該試著換另一種辦法來應對呢？

首先，聽聽對手的意見以及他所提出的條件，如果他的要求自己能接受，那麼就皆大歡喜。如果他的條件和要求實在有些過分，使你難於接受，那麼，你大可運用幽默風趣的話語來進行駁斥或反擊。

這樣，既可以有效地表達你的意願和態度，又能給對方留下充足的餘地，還能避免無謂的爭吵和隨之而來的不愉快，不是嗎？

美國總統林肯就是一個善於用幽默解決問題的高手。

在美國南北戰爭中，林肯對麥克倫將軍未能掌握好軍事時機感到極為不滿，但是他並沒有嚴加斥責，而是寫了一封信給他。在信中，他這樣說：

「親愛的麥克倫：如果你不想用陸軍的話，我想暫時借用一會兒。

敬愛你的林肯上」

如此一來，林肯總統既給了自己直接插手干預軍隊的指揮，找到了一個充足的理由，更間接表達自己對麥克倫將軍指揮軍隊的方法相當有意見。

身爲主管的人，難免會有極想斥責下屬做事不力或做事不妥的時候，但有人善於處理這些情況，有的人卻容易造成風波。差別便在於，斥責或責怪別人時，最難於把握時機與恰當性，稍微不愼就有可能傷及對方的自尊心，而在自尊心受傷的情況下，人往往變得易於激動和憤怒，造成兩敗俱傷。

現在的下屬，已經不再像過去那樣唯唯諾諾，因此身爲主管和上司的人，一定要善於與他們溝通，善於與他們打成一片。最好是一有時間就和他們聊聊天，說說笑話，幽默一下，如此一定比你板起面孔時的效果來得好，員工們的關係也會變得更加融洽，工作效率也能提高不少。

儘管幽默與否，與各人的個性特徵有一定的關聯，但也有很多人是因爲後天的因素，找出自己的特色，從而發揮作用，所以，我們要從平時開始培養起幽默感，儘量使自己變得活潑、生動、有內涵。

看看你身邊的人，那些幽默的領導人物，無論走到哪裡都會使氣氛活躍起來，大家和他有說有笑，很多別人解決不了、處理不了的問題，只要一到他手裡都會迎刃而解，或者大事化小，小事化了。

相較之下，缺乏幽默感的人往往到處碰壁，因爲他們不善於幽默，更不善於讓別人瞭解他，當他板起面孔的時候，人們便會有一種難以接近的感覺，說深了也不妥，說淺了也不適當，如此便很容易出現僵持的局面。

我們都聽說過點石成金的故事，石頭處都有，但是如何使它變成珍貴的金子，這的確是一件很神奇的事情。

其實，幽默就是點金術，而且這種點金術並不像神話故事裡講的那樣，需要神仙的法術或仙人指點，我們每個人早就具有了這種潛力，只要我們充分地發揮，自然能讓自己的工作和事業，變得輕鬆而又有趣。

罵人不必帶髒字

朝廷上的偉人，都恪守著兩條準則：始終不露聲色和永不守信。

——斯威夫特

用幽默的言語保護自己

幽默是一把雙刃劍，既可以保護自己，也可以給對手留下足夠的面子；既可以用它來進行攻擊，又可以使它成為彼此關係的黏著劑。

齊國的使臣晏子因公到楚國來訪，楚國人知道晏子身材矮小，便想戲弄戲弄他，只見他們打開城牆中專供狗出入的小門，要讓晏子進城。於是，晏子便說：「我只聽說，出使狗國才從狗門進去，我現在出使的是楚國，而不是狗國，所以我不能從狗門進，除非……」

這句罵人不帶髒字的話，登時令楚國人無話可說，立即開啟城門，讓他堂堂皇皇地從大門進入。

晏子與楚王會見的時候，楚王也忍不住想戲弄他：「難道齊國沒有人才了嗎？

居然派你這樣一個矮子來我國訪問！」

晏子一聽，不假思索地回答說：「齊國派人出使外國有自己的規矩，賢明的人去見賢明的國君，不賢明的使臣去拜見不賢明的國君，我在齊國算是最不賢的人了，所以齊王就派我到楚國出訪。」

楚王原本是要羞辱晏子的，未料卻被晏子狠狠地嘲諷了一頓。

從這則典故中，我們可以很清楚地知道，幽默不僅僅是「搞笑」的工具，它還是一把雙刃劍，既可以保護自己，也可以給對手留下足夠的面子；既可以用它來進行攻擊，又可以使它成爲彼此關係的黏著劑。

據說，張大千是也是一個善於用幽默化解嘲弄的典型。

有一次，張大千與友人相聚，因他留有很長的鬍子，所以他的鬍鬚很快成為友人們談論和嘲弄的對象。

張大千靜靜地聆聽客人們的對話，等他們講完了，他便就開始發言，說了一個三國時候的故事。

三國時候，關羽的兒子關興和張飛的兒子張苞，追隨劉備率軍討伐吳國，報仇心切的他們都想爭當先鋒，使劉備相當為難。

沒辦法，他只好出題說：「你們比一比，說說你們的父親先前的功績，誰的父親功勞大就由誰當先鋒。」

張苞一聽，不假思索地說：「我父親當年三戰呂布，喝斷霸橋，夜戰馬超，鞭打督郵，義釋嚴顏。」

輪到關興的時候，他心裡一急，又加上有些口吃，半天才說出一句來：「我父親有五尺長髯……」然後，就再也說不下去了。

沒想到就在這個時候，關公顯靈，站立在雲端上，聽了兒子這句話，氣得鳳眼圓睜，大聲罵道：「這個不肖之子，老子生前過五關斬六將你不講，卻在老子的鬍子上做文章。」

張大師說完，在場人士莫不俯仰大笑起來。

張大千就是這樣巧妙地套用了關羽鬍子的幽默故事，不但使自己從眾人戲弄的位置解脫，而且也順帶地給予反擊，產生了一箭雙雕的效果，這就是將幽默當成一把雙刃劍的故事。

其實，幽默的這種「雙刃劍」功能，還表現在古今中外的論辯藝術中。

又有一次，晏子代表齊王來楚國洽辦公事，楚王和臣子們為了報仇雪恨，私下商量一個計劃想讓晏子出糗。

晏子來到楚國之後，上朝面見楚國國王，正在會談的過程中，有一個大臣來報告說，士兵們抓到一個行竊的齊國盜賊。

這時候，楚王轉過身來，笑著對晏子說：「怎麼齊國人這麼喜歡盜竊，齊國人是否全都這樣呢？」

晏子識破是楚王搞的鬼，很快就反應過來，對楚王說：「我聽人說，橘子樹要是長在淮河以北的地方就結橘子，而如果長在淮河以南則結枳子，這是什麼原因造成的呢？是南北水土的差異所造成的。齊國人其實一點也不習慣偷盜，他們在齊國並不偷，可一到了你們的楚國就變得喜歡扒竊了。這是什麼原因？當然再次又說明了，地方水土的差異。楚國人習慣於偷竊，所以齊國人到了楚國也就變成了小偷，您說是不是呢？」

楚王聽了之後，不禁尷尬地對晏子說：「沒想到，本王沒戲弄到你，反而成了自討沒趣。」

極善於在論辯中維護自己的論點和看法的晏子，正是一個懂得利用幽默駁斥對方言論，反擊對手的高手。

罵人不必帶髒字

要和氣對待弱者，要把欺凌弱者當作丟人的事，因為弱者的報復，往往比強者更加厲害。

——克雷洛夫

說老實話要看對象

說好話會有好下場，說實話卻未必有實際的報酬。如果上位者沒有容人的雅量，你最好要懂得察言觀色，沉默是金。

越是民主的時代，就有越多的「假民主」；人人高舉著民主的旗幟，所表現出來的卻往往是「在我允許範圍內的民主」。最怕是你把「假民主」當成了「真民主」，到頭來連自己怎麼死的都不知道。

有一次，森林裡的老虎大王把百獸召集過來。牠態度十分誠懇，面帶微笑，客客氣氣地宣佈：「諸位！本大王管理動物王國多年，犯了不少毛病，也有過許多錯誤；現在，趁這麼難得的機會，希望大家有話直說，提供寶貴意見和建議，本人一定廣納雅言，盡力改進，讓我們的動物王國明天會更好。請大家有什麼說什麼，多多發言吧！」

動物們聽完老虎大王的肺腑之言，都深受感動。

第一個舉手發言的是山羊，大聲說：「大王！您經常不尊重其他動物的生存權，隨意將我的同胞置於死地。山羊肉固然美味，但您也要適可而止，希望您可以改掉這個壞毛病。」

老牛在動物界資歷最久，也跟著說：「大王！您在上一次選動物幹部時太不公平了，任用的都是那些給您禮物，以及拍您馬屁的人。這個毛病一定要改，否則，我們動物王國主事的都是那些心術不正的人，真正的好人沒有出頭機會，這樣是會後患無窮的。」

眼看森林的大老們都發言了，狗熊也跟著忿忿不平站起來說：「大王！您專搞『一言堂』，簡直是共產黨，從來不把其他動物的意見當回事；您這麼剛愎自用，大家對您的意見可多了。」

狗熊才剛說完，大家便打鐵趁熱，一個一個爭先恐後地向老虎大王大抒己見。

老虎大王靜靜地聽著，臉色越來越難看，身體也微微顫抖。

狐狸一看情勢不對，趕緊畢恭畢敬地說：「大王！我要向您提出三個意見。第一，大王您經常超時工作，太不注意身體保健了，萬一不小心累壞了身體，就會影響您的領導能力，這對整個動物世界的繁榮是多麼大的損失啊！第二，大王您事必躬親，許多工作本來可以交給其他動物去做，但是您卻不辭辛勞親自動手，這會讓大家心裡很過意不去的，拜託您不要再這麼任勞任怨了。第三，大王您作為一位雄性動物，卻不時常接近雌性動物，這樣怎麼繁衍後代呢？說不定雌性動物還會覺得您架子大，對您望而生畏，進一步影響您的女性票源。您應該要徹底改正這個缺點，建立您博愛親切的形象才對。」

第二天，森林裡再也找不到山羊、老牛、和狗熊的蹤影。

而且老虎大王還聘請狐狸作為特別助理，因為牠昨天晚上不小心一口氣吃下太多東西，現在得了腸胃炎；而在牠休養的這段期間，當然就由狐狸來替牠繼續「執政」了！

老虎大王的確是想廣納「雅言」，但是，這裡所謂的「雅言」，卻是「牠想聽的雅言」而不是批評的話。

法國思想家拉羅什富科說過：「很少有人那麼聰明，能夠寧取有益的責備，而捨棄不忠的稱讚。」

的確，人人都愛聽好話，這也是爲什麼任何一個朝代都有小人當道的原因。在甜言蜜語的包裝下，你裡頭包的是什麼料，根本沒有人在意。

說好話會有好下場，說實話卻未必有實際的報酬。如果上位者沒有容人的雅量，你最好要懂得察言觀色，沉默是金。

不是教你逢迎拍馬，而是提醒你忠言逆耳，禍從口出；那些發自內心的肺腑之言，還是要選擇對的人才說！

罵人不必帶髒字

寬恕自己的敵人，其實是很容易的一件事，假如你一時之間想不到什麼好辦法可以傷害他們的話。

——海涅

不要讓眼睛長在頭頂上

自大的人的特徵，就是他們非常缺乏實際的行動，他們只是光憑一張嘴說得天花亂墜，卻不會真正的把話兌現。

不尊重別人感受與立場的人，不管擁有如何高深的學識，最終只會引起別人的討厭與嫌惡，說話的時候很難達到有效溝通的目的。

說話的藝術，其實就是態度上的不卑不亢。

我們在論述自己意見的同時，如果能夠同時運用傾聽的技巧，表達出冷靜、理智且流露尊重對方立場的態度，無形之中就會讓彼此的交流愈來愈順暢。

大家應該都不喜歡自大的人，也很難把自己眞正的想法坦白告訴他們。

因此，自大的人往往沒察覺到自己想法的不成熟，或知識的不足，更不用說發覺到自己缺乏學習與不明世故的一面。

自大的人會覺得，我可依自己的想法去解決所有的問題。一個人如果用這種自命不凡的態度生活，必定會在無形中遭受許多的挫折，或錯失無數可貴的學機會。而且，當你以這種態度過活時，周圍的人都會敷衍你，包括你的親人、朋友、部屬或學生。

他們不會告訴你內心真正的想法，而是在和你進行表面上的交往，只不過是你一直沒察覺而已。

每一個人都不喜歡得罪別人，所以不會有人來糾正你的自大態度。即使是上司也不想讓部屬討厭，他們寧可表面上對你說：「你表現得實在太棒了！」但心裡其實是這樣想：「這個驕傲自大的傢伙！」

自己是否很自大？若不時時認真自我檢討反省，其實是很難發現的。

接下來，就提供兩個「線索」，讓大家做自我檢視一番。

首先是捫心自問：「我是否是一匹人人敬而遠之的狼？」

自大的人，大家都會不想接近他，所以會在不知不覺中變成孤單一人。如果，已經很久沒有人邀你去他家，或是邀你一起喝個茶，你就必須開始反省這一陣子自己的言行是否過當。

自大的人的第二個特徵，就是他們非常缺乏實際的行動，他們只是光憑一張嘴說得天花亂墜，卻不會眞正的把話兌現。

例如，他們總把自己說得像日行一善的童子軍，卻從不會將筆記借給別人，不會把座位讓給老人，也不會眞心回饋過些什麼。

那麼，要怎樣才不會變成自大的人呢？

首先是時時增廣見聞，要深刻體認到目前自己的想法或擁有的知識，在這個知識爆炸的時代中猶如滄海一粟而已。因此，要試著去了解自己做得到的事是什麼，做不到的事是什麼。

接下來就是和能坦白說話的人交朋友。如果做不到，可以多參加類似團體諮詢的活動，或是以不記名方式做問卷，寫出希望自己可以改進的地方，也許你會發現有人會這樣寫：「不要老是誇大其詞、光說不練！」

學習從別人對自己的認知當中，爲自己的說話態度與技巧找到新的定位，是一個人成長必經的路程。有時自己認爲是正面的部分，從他人的觀點來看卻是負面的。相反的，自己認爲是負面的部分，別人可能認爲：「那個人有這種優點，爲什麼卻那麼自卑呢？」

這時，過度的謙虛反而會被視作矯情的表現。

我們想要在言談方面有所成長，就必須增長正面的部分、改善負面的部分，但我們很難明確或客觀地判斷哪些是自己負面的部分，因此追求互相忠告的人際關係是很重要，如果不把別人的金玉良言放在心上的人，是不會成長的。

成爲一個被忠告者，其實是値得高興的，因爲這表示責備或忠告你的人不管是家人、朋友、上司或前輩……等等，是眞正關心你的。

此外，當你被責備時，應該怎麼做才好？

首先，就是要坦然地虛心道歉。倘若死不服輸或是不假思索頂撞回去的話，下次就再也不會有人指正你了。

接下來則是不要逃避責任，如果你把責任推到上司或同事身上，簡直就是犯了第二次錯誤，只會讓問題變得更加複雜、難以解決。

再者是不要情緒化，因爲一旦變得情緒化就容易嚇跑身旁的人，會讓自己的世界變狹小，最後只會讓自己孤立無援。

不要把衷心忠告你的人都當作看不起你或有意貶低你的敵人，這樣實在太傻了。另外，也不要死要面子，如果你突然惱羞成怒，對方可能會丟下一句：「隨便你好了！」就棄你而去。

最後，則是要思索他爲什麼要這樣對你說？人沒有完美的，如果對方對你說的話令你很難接受話，可千萬別認爲他是對你有所不滿，這時千萬要先冷靜一下，他對你說的內容可能很重要，要對事不對人才是成熟的做法。

罵人不必帶髒字

談話永遠應當是旁敲側擊的，而不應直來直往，使自己的思想無退避的餘地。

——柯爾比

順水推舟解決難纏的對手

順水推舟一般在難以「下台」時，

是一種最有效的化解武器。

主要特點是順應時勢與對方話來採取對策，

使局面向著有利於己的方向發展，扭轉大局，順利解脫。

順水推舟解決難纏的對手

順水推舟一般在難以「下台」時，是一種最有效的化解武器。主要特點是順應時勢與對方話來採取對策，使局面向著有利於己的方向發展，扭轉大局，順利解脫。

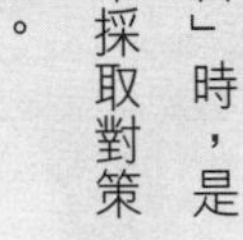

有位女老師頭一次去商職夜校教課，學生開她玩笑說：「喲，老師的字真漂亮，跟您的人一樣！」

這個玩笑讓女老師無法接受，因為她的字其實醜得令人不敢恭維。但她還是笑了笑說：「你們和我開玩笑沒關係，但是不能和自己開玩笑。你們付了學費，用比金錢更寶貴的時間來學習，假如上課胡思亂想，學不到知識，時間、金錢統統浪費了，這豈不是在和自己開玩笑嗎？」

學生們茅塞頓開，於是對這位老師很尊敬。

我們生活週遭，如果看到別人的缺點，直接指出的話，對方恐怕不易接受，這時就可以運用順水推舟的技巧來解決。

順水推舟一般在難以「下台」時，是一種最有效的化解武器。主要特點是順應時勢與對方話來採取對策，使局面向著有利於己的方向發展，扭轉大局，順利解脫。

這位女老師針對玩笑的難堪，順勢引到「和自己開玩笑」的角度，對學生機會教育一番，進而化解了尷尬，一舉兩得。

某次，一位著名的女演員和丈夫舉辦一場敬老宴會，參加的還有文化藝術界不少著名前輩。

耄耋之年的老畫家齊白石，也由護士陪同前來。他坐下後，拉著這位演員的手，目不轉睛地看著她。

護士用稍帶責備的口吻說：「您一直看人家做什麼？」

老畫家生氣地說：「我為什麼不能看？她長得很好看啊。」

這時，女演員笑著對這位老畫家說：「那，您儘管看吧，我是個演員，是不怕人家看的。」

女演員用「不怕人看」的理由，順水推舟地為大家化解一時的尷尬。

另外，順水推舟的方法，還能運用於巧妙的諷刺。

清朝時有個參加科舉考試的考生，是當朝中堂李鴻章的親戚，雖然胸無點墨，平日卻喜歡附庸風雅。

他在考場上打開試卷時，不由得兩眼直翻，大半的字都不認識，根本無從下手。眼看時間快到了，他靈機一動，舉筆在試卷上寫道：「我乃李鴻章中堂大人的親妻（戚）。」

主考官批閱到這份試卷時，看到這句話非常生氣，提筆寫道：「所以本官不娶（取）你。」

主考官巧借這個考生的錯別字，順勢「錯批」，達到強烈的諷刺效果。

「請君入甕」的故事流傳到宋代，又有創新版本。

有名叫丘浚的人去拜佛，老和尚見他寒酸，對他愛理不理。此時，一位官員來逛廟，老和尚馬上笑臉相迎，極為奉承巴結。

後來，丘浚問老和尚說：「為什麼你對當官的這般恭敬阿諛，對我卻一副冷若冰霜的模樣？」

老和尚振振有詞地說：「你不懂，按佛門的心法，恭敬就是不恭敬，不恭敬就是恭敬。」

丘浚於是心生一計，拾起一根木棒，對準老和尚頭上就打。

老和尚雙手抱頭高喊救命，痛定思痛，責問丘浚為何動手打人。丘浚說：「既然恭敬就是不恭敬，不恭敬就是恭敬，那我打你就是不打你，不打你就是打你。」

老和尚用「恭敬就是不恭敬，不恭敬就是恭敬」的詭辯手法，爲自己的勢利辯護，丘浚就用同樣的手法來懲罰他。

罵人不必帶髒字

滔滔不絕是一種機能的失調，它使一個患者在想說話時，永遠收不住他的舌頭。

——比爾斯

用舌尖代替刀劍

征服一個人，以至於征服一群人，用的往往不是刀劍，而是舌尖。

「有話好說」，仍是我們必須窮一生來學習的藝術。

春春秋時期，輔佐齊桓公稱霸諸侯的一代名相管仲曾說：「聖人擇可言而後言，擇可行而後行。」

眞正聰明睿智的人，最大的特點就是，只要看到事物的外貌，就能夠運用智慧去理解它的本質，並且用最適當的方法去面對。

因此，他們總是可以找到最合適的語言，貼切地表達自己心中的意念，然後達到自己想要的目標。

狄摩西尼曾說：「一條船可以由它發出的聲音知道它是否破裂，一個人也可以由他的言論知道他是聰明還是愚昧。」

這句話告訴我們，人們往往用心裡的思想來評斷自己，但是，別人卻會從你口裡說出來的話來評斷你這個人。

紀曉嵐是眾人皆知的機智才子，此外，他還是個絕佳的溝通高手。

紀曉嵐在小的時候就已經非常有大將之風了，有一次，他和幾個孩子在路邊玩球，一不小心，把球丟進了一個轎子裡。

大家匆匆忙忙跑過去一看，這可不得了！轎子裡坐的竟然是縣太爺，不僅如此，那顆皮球還不偏不倚擊中了他的烏紗帽！

「是誰家的孩子膽敢在這裡撒野？」

烏紗帽被天外飛來的一球打歪的縣太爺怒斥道。

孩子們見狀一哄而散，唯獨紀曉嵐挺著胸膛，走上前去想討回皮球。

紀曉嵐恭敬地對縣太爺說：「大人政績卓越，百姓生活安樂，所以小輩們才能在這裡玩球。」

縣太爺一聽這馬屁話，氣馬上消了一半，笑著說：「真是個小鬼靈精！這樣吧，我出個上聯給你對，要是你對得上，我就把球還給你。」

縣太爺環顧了一下四周，隨即出了道題目：「童子六七人，唯汝狡！」

紀曉嵐眼睛一轉，說出了下聯：「太爺二千石，獨公……」

「獨公什麼？趕快說啊！」

「大人，如果您把我的球還給我，下聯就是『獨公廉』，要不然就是『獨公……』」紀曉嵐故意支支吾吾不說下去。

縣太爺看到這種情形，不由得哈哈大笑，一邊把球還給紀曉嵐，一邊笑罵道：「好小子，真有你的！我才不要中了你的圈套，成了『獨公貪』咧！」

一言定江山，一個人的談吐便有可能改變他的一生。

六〇年代，美國有一位民權運動者，在街頭巷尾宣傳「種族平權運動」。他的聲音冷靜，但用字遣詞充滿張力，一波接著一波的言語像一首交響樂，以一種銳利的形勢層層疊上、推進人心。

當他終於以最深沉的嗓音嘶吼出：「我有一個夢！我有一個夢！」時，台下的群眾全被震懾住了，他們瘋狂地回應著：「阿門！阿門！」

這個名叫馬丁路德·金恩的民權運動者，便以這篇著名《我有一個夢》的演講襲捲群眾，改寫了美國的歷史。

征服一個人，以至於征服一群人，用的往往不是刀劍，而是舌尖。我們也許沒有紀曉嵐的機伶，沒有馬丁路德的魅力，但是「有話好說」，仍是我們必須窮一生來學習的藝術。

罵人不必帶髒字

虛偽狡詐的人，最明顯的特徵就是：他們有一張嘴巴、兩根舌頭，以及三個腦袋瓜。

——巴基斯坦諺語

先摸清對方的喜好，才能對症下藥

想要說服一個人，必須先了解對方的個性或喜好，再以此想出對策，才能達到事半功倍的效果。

日本有句諺語說：「道逢劍客則談劍。」

意思是說，不管是要和別人進行感情交流，或是想說服對方，都必須先摸清對方的習性和偏好，如此才能對症下藥。

一九一四年，國學大師章太炎被袁世凱軟禁在北京的龍泉寺中，氣憤的章太炎便以絕食做為反抗。

章太炎絕食的消息很快地便傳了出來，他的幾個入門弟子，像是錢玄周、馬夷初、吳承仕……等人，都連忙趕去探望他。

這些弟子們從早上勸到晚上，請他一定要進食，但是，章太炎躺在床上，閉緊了嘴，說什麼都不肯吃。

這時，吳承仕靈機一動，想起了三國時代劉表殺禰衡的故事，便問章太炎說：「先生比起禰衡如何？」

章太炎瞪大眼說：「禰衡怎麼能跟我比？」

吳承仕連忙回答道：「劉表當年想要殺禰衡，但自己不願蒙上殺士之名，就指使黃祖下手。現在，袁世凱比劉表高明多了，他不用勞駕黃祖這樣的角色，就可以讓先生自己殺自己！」

「什麼話！」章太炎一聽，立刻坐了起來。

這群子弟一看這個情況，知道說了中老師的心懷，便趁機拿出了先生愛吃的東西，只見章太炎什麼都沒說，一口氣就把所有東西都吃光了。

故事中性情剛直的章太炎，想以絕食行動對袁世凱表達抗議，經學生舉出歷史典故，並巧妙地點出絕食之舉，是幫袁世凱「殺自己」的行動，這才令他放棄絕食的行爲。

一般人總會以懇求、責罵或是強迫的方式，試圖令對方就範，但這樣做往往只是徒勞無功，甚至會造成反效果。

其實，想要說服一個人，必須先了解對方的個性或喜好，再以此想出對策，才能達到事半功倍的效果。

罵人不必帶髒字

不論你是否期待，事情還是會不斷地變化。因為你沒有預想到或是不希望發生，改變才會令你驚慌失措。

——史賓塞·強森

知道極限才能突破

試著了解自己，並接受自己。當你可以自在大方地笑談你的優缺點，自然能夠引起別人的共鳴，又怎麼會懷才不遇呢？

人們經常感嘆自己懷才不遇，但是，被問到長處、優點在哪裡，卻又支支吾吾，或是一問三不知。了解別人不容易，了解自己更是高難度。當你眞正看清楚自己，你才能認識自己的極限，充滿信心地衝破極限。

一九六〇年，甘迺迪競選美國總統時，是歷來最年輕的候選人，許多民眾雖然欣賞他的聰明才幹，但是不免還是有一些疑慮。

雖然他看起來穩重老成，可是年齡似乎不太具有說服力，美國歷史上從來沒有這麼年輕的人當總統。另外，他的宗教信仰也是民眾再三考慮的焦點；甘迺迪是個天主教徒，而當時天主教徒只佔美國公民的十分之一。

甘迺迪面臨來自四面八方的壓力，他心裡清楚大家的想法，知道自己的弱點在哪裡，可是他非但不聲東擊西，用迂迴手法來逃避這些問題，反而針對大家的疑慮挑明了說，盡力把自己的缺點轉化為優點。

競選對手曾經當眾攻擊他：「要當總統，白頭髮總得要有幾根吧？」

但是，甘迺迪絲毫不覺得這是問題，笑著回答：「頭髮白不白和當總統沒什麼關係，最重要的是頭髮下面有沒有東西！」

針對自己的宗教信仰，甘迺迪自信滿滿地說：「正因為天主教徒是美國的少數，如果由天主教徒當上總統，就表示這個國家尊重少數公民。我們開國以來，一直推廣人人生而平等的精神，可以由此得到印證，以後黑人、黃種人，或是其他宗教的信徒，都有當總統的權利。」

甘迺迪的解釋一掃大家心中的疑慮，不但獲得廣大的票源支持，更凝聚少數公民的票源。團結力量大，當每一個少數族群都結合起來，便成了多數；甘迺迪因此順利當選美國總統。

甘迺迪最成功的地方，就是他知道自己有幾分能耐，透過說話的藝術坦然面對自己的優缺點，做得到的事情他當仁不讓，無法改變的弱點也毫不避諱。他懂得把自己的長處放到最大，把自己的短處縮到最小，甚至把最讓某一部分人疑慮的地方，轉化爲讓另一部分人支持的優點。

在你眼中的優點，有可能成爲別人眼中的缺點；當然，你自己耿耿於懷的缺點，也有可能會成爲你最可愛的地方，重要的是，你要試著了解自己，並接受自己。當你可以自在大方地笑談本身的優缺點，自然能夠引起別人的共鳴，又怎麼會懷才不遇呢？

罵人不必帶髒字

虛偽和裝傻當然會時時出現在我們的週遭，你可以告訴我世上哪裡沒有虛偽和裝傻嗎？

——哈茲里特

迂迴戰術是致勝的關鍵

不要一味強調自己的立場，應該為自己找到絕佳的出口。以巧妙的迂迴戰術避實就虛，正是聰明人獲得勝利的重要關鍵。

對付日常生活中遇到的狡詐之輩，我們並不需要跟著他們學會奸詐機巧，也不一定要以牙還牙、以眼還眼，但是，至少要懂得保護自己，學會察言觀色，讓自己隨時都能全身而退。

三〇年代時期，一位英國商人威爾斯向香港著名的茂隆皮箱行訂購了三千個皮箱，總共價值二十萬港幣。

當時，在雙方簽訂的合約中明確規定，全部的貨物要在一個月之內交付，如果逾期，賣方必須賠償英商十萬元港幣的損失費用。

在日夜趕工之下，一個月內，茂隆皮箱行經理馮燦終於如期向英商交貨。

沒想到交貨的時候，一開始就存心訛詐賠償費用的威爾斯，無計可施之餘，居然莫名其妙地質疑：「你們的皮箱夾層使用了木板，這批貨不是我們要的皮箱，你們必須重做『真正的皮箱』！」

如此一來，原來製作的皮箱不僅不能交貨，而且還損失了皮箱的製作成本，更要多賠償十萬元。

面對威爾斯的無賴行徑，馮經理怒不可遏，卻又無可奈何，雙方多次交涉無效之後，只好鬧上法院，請法官審理解決了。

然而，法庭開庭審理之後，同為英國人的法官似乎有意偏袒威爾斯，消息也傳出，法官已準備判馮燦的詐欺罪名成立。

所幸，馮燦委託的律師羅錦文冷靜處理，贏得最後的勝利。

在最後辯論過程中，當羅錦文面對強詞奪理的奸商和具有排華情結、心懷偏頗的法官，隨手從口袋裡掏出了一只英國出品的金錶，高聲問法官：「法官先生，請問這是什麼錶？」

只見法官神氣地說：「這是大英帝國的名牌金錶，可是我提醒你，這金錶與本案毫無關係！」

「當然有關係！」羅錦文高舉金錶，繼續大聲說道：「這是一只金錶，我們尊敬的法官已有定論，恐怕沒有人表示異議了吧？但是，我想請問各位，這塊金錶除了錶殼是以少量黃金打造之外，內部機件都是黃金材質嗎？」

法官和威爾斯這才發覺，他們中了律師的「圈套」，但為時已晚，自己言之確鑿的回答，早已成為對方最有利、最無可辯駁的證據。

羅錦文抓準時機地繼續說：「既然金錶中的部件零件允許非金材料，那麼，皮箱中的部件材料為何非要全都是皮製品呢？我們可以很明顯地知道，在這個皮箱案中，純粹是原告威爾斯無理取鬧，存心敲詐而已！」

於是，在眾目睽睽之下，威爾斯一時詞窮，法庭也不得不判威爾斯誣告罪，並罰款五千元港幣了結此案。

面對相同的狀況，「以其人之道，還治其人之身」才能徹底擊敗對方，因此，對於蠻橫無理的人，不要一味強調自己的立場，也不必破口大罵，應該避開雙方相持不下的情況，爲自己找到了絕佳的出口。

懂得以巧妙的迂迴戰術避實就虛，用對方的邏輯來打敗對方，正是聰明人獲得勝利的重要關鍵。

罵人不必帶髒字

唯有具備真才實學的人，既了解自己的力量，又善於適當謹慎地使用自己的力量，能在世俗事物中獲得成功。

——歌德

懂得作秀才會加深別人的感受

再好的東西，如果包裝得不夠好，給人的印象也會大打折扣。與其在一旁沒沒無聞，不如跳出來譁眾取寵；只要是真材實料，何須擔心招人話柄？

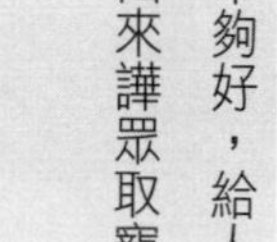

不不少人批評政壇人物愛作秀，作秀不一定是不好，如果可以利用作秀來爭取公眾福祉，也是一種巧思的表現。

古今中外，把政壇作秀藝術實踐得最好的，莫過於清朝的才子紀曉嵐。

乾隆皇帝平時公務繁忙，連休閒時間都不忘憂心國事，只要稍有空閒，就會找一些像紀曉嵐、劉羅鍋……等等學識淵博的才子，前來御花園陪他論古道今，飲酒作樂。

這一天，不知怎麼回事，紀曉嵐、劉羅鍋兩位情同兄弟的大臣，說著說著，竟然爭執起來了。

紀曉嵐問劉羅鍋：「你們山東的蘿蔔最大的有多大？」

劉羅鍋想都沒想就比劃起來，紀曉嵐看了看，頗不以為然地說：「你們山東的蘿蔔再大，也不可能比我們直隸的大。」

劉羅鍋當然不服氣，誰都知道山東的蘿蔔是出了名的大，這可是山東的特色、山東的驕傲啊！

於是，兩人你一言、我一語地爭論不休。

乾隆皇帝在旁邊聽了，覺得非常有趣，心想連這點芝麻綠豆的小事，也可以讓兩位學識淵博的王公大臣在這裡爭來爭去的。

於是，乾隆皇帝告訴二人：「你們兩個，明天就準備好你們轄區裡最大的蘿蔔，帶上朝來讓大家評一評。」

第二天，劉羅鍋帶著一個大蘿蔔上朝，朝臣們看到這麼大的一個蘿蔔，都嘖嘖稱奇、驚嘆不已。

接著，皇帝問紀曉嵐：「你的蘿蔔在哪兒？把你的蘿蔔抬進來吧！」

只見紀曉嵐由袖口內掏啊掏地，掏出來一個手指般大的蘿蔔。大臣們看了都吃了一驚，說不出話來。

乾隆有些生氣了，沉著臉對紀曉嵐說道：「你這是開什麼玩笑！」

沒想到紀曉嵐卻不慌不忙，用非常誠懇的語氣說：「啟稟皇上，我找遍我們直隸全省，只找到這個蘿蔔是最大的。因為直隸省的土壤貧瘠，加上這半年來天災不斷，所以農作物收成不佳，百姓無法繳納太多的糧食，請皇上明鑑。」

乾隆是個廣納雅言的明君，想了半晌後便說：「直隸窮就少納些糧，山東富就多納些糧吧！」

劉羅鍋這時才恍然大悟，好一個紀曉嵐啊！竟然算計到兄弟頭上去了！

如果紀曉嵐只是直述直隸省的災情，必定不會引起這麼大的迴響與認同，但是，加了一些「道具」和戲劇化的演出，就加深了人們的感受。

同一件事，用不同的方式呈現，所得到的效果也大不相同；這是「作秀」的好處，也正是「包裝」的藝術啊！

再好的東西，如果包裝得不夠好，給人的印象也會大打折扣。與其在一旁沒沒無聞，不如跳出來譁衆取寵；只要是眞材實料，何須擔心招人話柄？

但是，「路遙知馬力，日久見人心」，一時的作秀只能幫你取得大家的注意，就像廣告一樣，如果實際產品不夠好，依舊無法在市場上生存。

作秀可以替你加分，卻不保證讓你得分。

罵人不必帶髒字

真正會講話的人，不是記著別人講過的話，而是能說出一些讓人牢牢記著的話。

——布朗

用肯定的方式說出否定字眼

說話的最高藝術並不在於你說了什麼，而在於你怎麼說，解決的辦法是把一些否定字眼，用肯定的方式說出來。

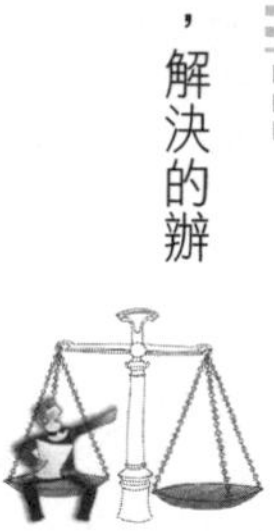

石阪泰山先生是大阪萬國博覽會的會長，他認爲政府撥給博覽會的預算太少，許多工作都無法展開。

當時擔任首相的佐藤榮作，前往萬國博覽會視察時，石阪泰山便向他報告說：「我將盡力用首相撥下的預算，完成專覽會的籌備工作。但是，這恐怕會讓日本在世界上丟臉……」

就因爲石阪這句話，博覽會立刻爭取到了高額的預算。

當你需要對方接受你提出的要求時，最好先表示同意，然後再用「但是……」

提出反駁意見。

這種「石阪式交涉法」，用在與個性高傲的人討價還價之時相當有效。

因爲，個性高傲的人有種強烈的優越感，認爲自己是世界上最優秀的人，與人交涉時，常常想用高傲的姿態壓倒對方。

所以，和這種人交涉或談判時，如果直接說「不」，否定對方的意見，很容易收到負面的效果。

他們做事時，往往欠缺精確度，在他們趾高氣揚發表意見時，若是發現這一點的話，最好仍然保持安靜的聆聽態度。

一旦發現對方話中有謬誤，可以引經據典的告知：「然而，有些情況卻是……」，如此一來主動權就會回到自己手中。

這就是不說「不」，卻能收到「不」的效果的方法。

在交涉或談判過程中，儘管努力調和不同觀點和個性，達到雙方滿意的結果，但是由於言語上的衝動，爆發人身攻擊的情況，還是時有耳聞的。

如果你受到挑釁，不得不採取強硬態度回擊時，應當注意分寸，不要因爲對方的無禮，而失去自我控制。

交涉與談判過程中應如何駁回對方論點，而不採全盤否定的方式，是這個領域裡普遍存在的問題。

如果無意中措辭不當，很可能會在駁回對方論點時，刺痛了對方的敏感部位。其實，說話的最高藝術並不在於你說了什麼，而在於你怎麼說，解決的辦法是把一些否定的字眼，改用肯定的方式說出來——即「石阪式交涉法」。

例如，把「你錯了。」改說：「對，但是……」

把「我完全不同意。」改說成：「我基本上同意您所說的，可是……」

把「你的報價簡直是對我們的侮辱！」改說成：「我覺得您的報價不甚合理，假如能……那我們現在即可成交。」

把「我一點也不能同意你的論點。」改說成：「我不是不認同你的看法，只不過……」

把「這麼做太糟，應當……」改說成：「我們可以再研究研究，以我個人來說，我看這是可行的，只須……就可以了。」

把「這簡直太可笑了。」改說成：「這想法實在是妙極了，但我覺得若是再……那將會更好。」

具體進行反駁時，用語不一定與上述例子一模一樣，但用肯定語氣表示否定意思，比較容易使對手聽起來順耳，不會引起感情上的衝突，因爲那樣對雙方都不利，只會使達成協議的距離越來越遠。

說話上的變通花招無窮無盡，就看各人的口才，以及如何靈活運用。

罵人不必帶髒字

談話是一種展銷思想小商品的交易，每個展銷者都過於關心自己貨物的陳列，而不去留意鄰人的貨物。

——比爾斯

諒解比生氣更能解決問題

你當然有權利選擇生氣，但是你也可以選擇不生氣，因為生氣，問題還是懸在那裡，並沒有因此而解決。

作家斯特恩曾經寫道：「只有勇敢的人才懂得如何寬容。懦夫不會寬容，因為這不是他的本性。」

在日常生活中，諒解可以產生奇蹟，諒解猶如一支火把，能照亮由焦躁、怨恨、復仇心理鋪就的道路。

史丹福經營一家汽車美容公司。他白手起家，十分注重公司的管理，因此不斷地進修一些談話技巧，希望可以提昇自己的內涵，將之應用於經營管理之上。

有一次，公司裡一名工人沒有把分內的工作做好，客人投訴時甚至還對客人大呼小叫，行為惡劣，嚴重損害了公司的名聲。

史丹福得知後並沒有當面斥責他，而是在下班之後，請他留下來喝一杯，和顏悅色地對他說：「你是所有員工裡最資深，技術也最頂尖的一個，很多客人都指定要你替他們服務，我也一直以有你這樣的員工為傲，這家公司可以說不能沒有你。」

史丹福恭維一番後，接著說：「但是，最近我發現你的脾氣變得暴躁，而且沒有耐性，好多小地方都沒注意到，你以前的品質和水準哪裡去了呢？也許我們可以一起來解決這個問題。」

這名員工聽了老闆的一番話，心裡有了很大的感觸，他坦誠地告訴老闆，由於幫助妻子的娘家，自己欠下了一些債務，心情煩躁，以致影響了工作的績效。他還再三保證，自己目前的工作量絕對在他的能力範圍之內，只是太過疏忽了，所以才沒有盡好職責，希望老闆再給他一次機會。

史丹福明白了員工的處境，也原諒了他的過失，二話不說借了一筆錢給他，希望他度過難關之後，可以安心工作。事實證明，史丹福這麼做是正確的。

「諒解」是十分重要，也是很多人所缺乏的，尤其在上位者，常常只想到自己的利益，而忽略了其他人的處境，不重視別人的心情。所謂的「諒解」，就是站在彼此的立場互相體諒，也互相了解，進而營造更好的人際關係。

對於別人所犯的錯誤，你當然有權利選擇生氣，但是你也可以選擇不生氣，因爲生氣只是替自己築起一道高牆，問題還是懸在那裡，並沒有因此而解決。

與其破口大罵，不如克制自己的脾氣，用不同的心態來面對問題，你會發現，諒解比生氣來得有用。

罵人不必帶髒字

一個字只要不說出口，你就是它的主人，一旦你把它吐露出，你就成了它的奴隸。

——佳比洛爾

想要反擊對手，就要當個舌戰高手

機智而又針鋒相對、尖酸刻薄的詭辯語言，
就是經過高度淬煉的舌戰語言，
在面對自己不喜歡的對手時，不妨如法炮製。

與其獻醜，不如藏拙

一個人的優越與否絕對不是光憑嘴上功夫就能展現的，如果你真的夠好，不用你自己說，別人也會看得出你的好。

最響的桶子，裝的往往只有半桶水；最自以爲是的人，會的通常也只是一些皮毛，他們什麼都知道，就是沒有聽過「獻醜不如藏拙」這句話！

莎士比亞曾說：「驕傲自大的人，結果總是在驕傲裡毀滅自己。他一味地對鏡自賞，自吹自擂，遇事只會浮誇失實，到頭來只是事事落空而已。」

要讓一個夜郎自大的人看清自己的嘴臉，只有用別人的驕傲給他做鏡子。倘若對他卑躬屈膝，只會助長他的氣焰。

有一個秀才借住在寺廟中讀書，驕傲地認為自己才高八斗，因此常找一些機會和趙州禪師抬槓。

「禪師，我佛慈悲，向來不願意違背眾生所求，是不是真的？」有一天，這個秀才問道。

趙州禪師不疑有詐地回答：「是的。」

秀才狡黠地進一步說：「那麼，如果我想要您手上的拐杖，你應該不會吝嗇得違背我的要求吧？」

「我怎麼能給你呢？君子不奪人所好。你讀了這麼多書，難道連這麼簡單的道理都不懂嗎？」

秀才自知理虧，但仍不服氣的強辯道：「我不是君子。」

禪師正色說：「那我也不是佛。」

秀才受了一肚子窩囊氣，自然不肯善罷干休。

隔了幾天，當他坐在大廳裡休息時，趙州禪師從他身旁走過，秀才竟然不理不睬。

禪師有些生氣地教訓他：「年輕人看到長者過來，怎麼不知道站起來？這是最基本的禮貌啊！」

自認為很通曉禪機的秀才說：「我坐著行禮，就等於站起來行禮。」

趙州禪師聽了沒有加以反駁，忽然伸出手，重重地打了秀才一巴掌。

秀才被突如其來的一掌嚇到，臉上一陣青一陣白，接著捂著自己的臉怒喝道：「你憑什麼打我？」

只見趙州禪師雙手合掌，悠悠地說道：「既然你坐著如同站著，那麼我打你，就如同不打你。」

說完之後，趙州禪師緩緩轉身走開，大廳裡只留下為自己自作聰明而感到懊悔不已的秀才。

班傑明．富蘭克林曾說：「爭辯是兩個人玩的遊戲，然而它是一種奇怪的遊戲，沒有任何一方曾經贏過。」

如果只是逞一時的口舌之快，就算把別人批評遍體鱗傷，讓對方啞口無言，也不能夠代表你處處都比他優越，不是嗎？

充其量，也不過說明了你「好辯」、「口才好」、「能言善道」而已，但是卻更加證明了你「小氣」、「沒口德」、「斤斤計較」……等負面的性格。

一個人的優越與否絕對不是光憑嘴上功夫就能展現的，如果你真的夠好，不用你自己說，別人也會看得出你的好。

少說一句，正是你做得最對的一件事。

罵人不必帶髒字

跟女人講話的時候，要像你愛過她似的；跟男人講話的時候，要像你恨過他似的。

——王爾德

機智來自深刻的體悟

反應與機智，是成功者必備的功夫，唯有經過學習、領悟的步驟，紮實地累積，機智才能正確無誤地反應出來。

歌德曾經寫道：「那些在各方面看起來都很聰明的人，卻在某方面表現出十足愚蠢，原因出在他們還不夠精明。」

的確，任何頭腦精明的人，做事之時都應當認清楚和自己交手的對象，以及事情可能的發展，千萬別自以爲聰明，讓自己落到聰明反被聰明誤的窘境。

圓智是清代乾隆年間，寧波天童寺的和尚。

有一年，乾隆皇帝微服南下，來到寧波時，便直往天童寺而去。圓智聽聞此事，馬上趕到山腳下等候。

不一會兒，乾隆終於抵達，圓智即刻站在他身前，雙手合十躬身說：「小僧乃天童寺主持圓智，接駕來遲，萬望恕罪。」

乾隆聽說這個人就是圓智，想給他來個「下馬威」，於是立刻板起面孔，不悅地說：「你既然知道朕要來到此地，為何不率眾僧前來跪接聖駕？莫非你有意褻瀆聖躬？」

圓智一聽，知道皇上有意為難，便不慌不忙地說：「小僧豈敢，只因這次聖上南巡，乃是微服私訪，若是勞師動眾，恐怕要引起遊人矚目，如此一來將有礙聖上雅興，所以只有小僧一個人悄悄在此迎接。」

乾隆聽他說得合理，只好說：「恕你無罪，前面帶路便是。」

路上，乾隆又開口：「大和尚，朕今日上山，你能不能來首詩比擬？」

圓智暗自思忖，腦子一轉，說：「萬歲爺上山，剛好有一比，好比佛爺帶你登天，一步更比一步高！」

乾隆一聽，心裡老大不舒服，圓智竟然自比佛爺，比他更上一層，但是一時間又不好發作。

當他們走進天王殿時，正見彌勒佛笑臉地望著他們。

這時乾隆心生一計，便指著彌勒佛問圓智：「請問大和尚，他為何而笑？」

圓智答道：「啟稟聖上，他是在笑貧僧命乖運蹇，身入空門，終日青燈木魚陪伴，碌碌無為。」

乾隆一聽，心中暗喜：「這下子你可要出醜了！」

於是，乾隆馬上問圓智：「那麼，彌勒佛也對我笑啊！照你的說法，我也是個碌碌無為的人囉？」

圓智回答說：「當然不是囉！佛爺面對不同的人，自然有不同的笑意，他對萬歲爺迎面而笑，笑的是您為萬民操心，凡事以國事為重，不會像器量狹小的凡夫俗子那般笑裡藏刀。」

這席話可把乾隆皇搞得哭笑不得，因為乾隆知道圓智明明在罵自己，卻又無從發作，只好忍了下去。

故事裡，器量狹小的乾隆皇爲了捉住圓智的把柄，與圓智大師鬥智，沒想到自己反被聰明的圓智，當頭棒喝了一記，雖然不知道乾隆皇有沒有醒悟，但是圓智巧答彌勒佛的笑意，卻是讓人激賞。

這是圓智的機智，反應速度之快，更突顯出透澈的生活體悟和禪學修維。

反應與機智，是成功者必備的功夫，唯有經過學習、領悟的步驟，紮實地累積，機智才能正確無誤地反應出來。

只要認眞生活，深刻體悟，在你眼中，每一件事情都將會有不同詮釋，就像圓智心中彌勒佛的「笑意」。

罵人不必帶髒字

我們不相信有永恆不變的道德，並且要揭穿一切關於道德的騙人的鬼話。

——列寧

翻臉也可以是一種藝術

遇到話不投機的對象，你會怎麼做？站起來就走？那只會顯得自己太沒禮貌了，而且自得其樂的對方根本不知道是怎麼一回事，完全得不到教訓。

大家都知道說話要說到別人心坎裡，因此，我們精益求精地研究說話的藝術，但是，遇到那些價值觀念與你背道而馳，一開口就讓你想狠狠踢他一腳的粗俗之人，你該怎麼辦？

一名自認相當有錢的男子愛上一位氣質高雅、面貌姣好的女子，於是頻頻打電話邀她出去約會。

女子雖然三番兩次地拒絕，但是，男子卻越挫越勇，一點也不肯放棄，最後實在是拗不過他，女子只好勉強答應和他一起吃頓晚飯。

男子選了一個燈光美、氣氛佳的西餐廳，因為用餐時間還沒到，所以兩人各點了一杯飲料，聊聊天。

男子一開口就說個沒完，大談自己收藏古董的經驗，炫耀地說，他收藏的每一個古董，價錢都讓人咋舌。

女子默默地聽著，心裡想的卻是：「你這個無趣的老古董！」

男子談了半天，終於發現女子對這個話題好像提不起勁，便改變策略。他伸出手讓女子看看手上的金錶，然後說：「妳知道嗎？這只錶花了我二十來萬，嚇妳一跳吧！」

女子應景地笑了笑，仍舊不發一語。

男子得到鼓勵，口沫橫飛地繼續說：「這對我來說只是個小數目，我每個月用來買衣服的錢都不只二十幾萬！妳看，我身上這套西裝是最新進口的名牌，要十多萬，這條領帶是純絲的，也要一萬多。還有這雙皮鞋，別看它是踩在腳下的，這雙鞋子是進口的巴西牛皮手工打造的，我跑到法國特別訂做，全台灣還找不到第二雙呢，花了我將近十萬塊。」

說著，男子得意地翹起腳來，用手指彈彈鞋子上的灰。

女子聽著聽著，眉頭皺了起來，只見她從容不迫地把服務生叫過來，拿起菜單開始點菜：「麻煩你！我要吃一份價值三百元的牛排，還有價值五十塊的生菜沙拉，二十塊錢的洋蔥湯，還要一球法國進口，全台灣找不到第二球的冰淇淋。嗯！我想我吃這些就夠了。」

服務生聽了瞠目結舌，回答說：「小姐！我們的餐每一份都有固定價格，您不是在開玩笑吧！」

「哦！你們不做這種份量？但是我的胃口很小，太貴的東西我吃不起，只好請這位比較有福氣的先生在這裡吃，我到隔壁去吃囉！」

女子一邊說一邊推開椅子站了起來。

看著臉上一陣紅一陣白的男子，她溫柔有禮地說：「好好享受你的晚餐吧！拜拜！」

如果你是這名女子，遇到這麼一個話不投機的庸俗對象，你會怎麼做？

站起來就走？那只會顯得自己太沒禮貌了，而且自得其樂的對方根本不知道是怎麼一回事，完全得不到教訓。

而當場把話說清楚呢？又未免太小題大作了，他不過是說些你不愛聽的話，有必要這麼義正辭嚴嗎？

說話要顧及對方的感受，翻臉也是如此，不如就照對方的邏輯回敬他吧！

罵人不必帶髒字

要是你說了一堆自己難以遵守的誓言，就必須知道如何一邊背叛誓言，一邊把自己的信譽保全。

——莎士比亞

幽默是解決問題的萬靈丹

「幽默是最好的靈藥」，令大事化小，小事化無，令不好的情緒灰飛煙滅，把平淡的日子點石成金。

比起長篇大論，或是滔滔不絕的唇槍舌戰，一兩句輕鬆幽默的話語反而更加有效，使人一笑解千愁。

有一家專賣印度菜的餐館，總是會在餐後送上一小碟「幸運餅」作為甜點。所謂的「幸運餅」是一種印度傳統的點心，餅乾裡夾著一張小紙條，寫著「萬事如意」、「幸福快樂」之類的箴言，有的是好預兆，有的是不好的預兆，吃到哪一種全憑運氣。

據說，這些預兆非常靈驗，因此也吸引了許多想碰碰運氣的老饕上門享用美食。某天，一位已經失業很久的客人來到這家餐廳，專程想要嚐嚐所謂的「幸運餅」，沒想到他所吃下的那塊餅乾正好沒有夾上紙條。

這名客人本身已時運不順，再加上遇到這種烏龍的情況，便立刻大發雷霆，把服務生叫來罵了一頓。

服務生除了頻頻道歉之外，根本不知道該說些什麼才好，老闆見狀趕緊過來解圍。他沒有指責任何一方，也不多做解釋，只是向這位客人大聲說「恭喜」，並說了一句美國諺語：「沒有消息就是最好的消息。」

客人聽了馬上喜上眉梢，不僅為自己剛才惡劣的態度道歉，還連連向店家表示感謝。老闆單憑一句話就成功化解了一場危機，員工們除了佩服老闆過人的機智之外，也都暗自把這句話背得滾瓜爛熟，擔心哪一天會派得上用場！

「幽默是最好的靈藥」，令大事化小，小事化無，令不好的情緒灰飛煙滅，把平淡的日子點石成金。

幽默無處不受歡迎，但是，卻有很多人苦著臉說：「我不懂幽默。」

其實，問題的癥結點並不是什麼難懂的道理，明眼人一眼就能看穿，卻因爲我們粗心大意，或是過於托大，不但不能用幽默的心境去解讀，有時還會用強硬的心態去面對，既得罪了別人，也耽誤了自己。

事實上，沒有人是天生就懂得幽默的，幽默是可以學習，可以訓練，可以靠後天努力來培養的。訓練自己用微笑來面對世界，學習用樂觀的心克服煩惱，試著幽自己一默，其實沒有你想像中的那麼困難。

罵人不必帶髒字

隨便哪個傻瓜都會講真話，而要把謊話說得巧妙，可得要有點聰明。

——勃特勒

生氣時，嘴巴吐不出象牙

為別人所犯下錯誤生氣，你是在拿別人的錯誤來懲罰自己，想一想，這多划不來啊！為突來的情緒生氣，你發了一場熊熊的無名火，想一想，這對別人來說，又是多麼地不公平！

古希臘思想家亞里斯多德曾經說：「人人都會發怒，那是輕而易舉的事。不過，發作要找合適的對象，要恰如其分，要在恰當的時間，目的與方式也要合適，這就不是那麼容易了。」

醫生說，每一次生氣，人體所付出的代價，相當於辛苦工作八個小時。

這是生氣對自己造成的損害，然而，生氣之時的惡言惡語還有可能對別人造成更大的損害。

語言可以傷人於無形，你一時不經大腦，脫口而出的話語，有可能成爲別人終身的陰影。

有一個幼稚園老師，恨透了班上一個頑皮搗蛋的男孩。有一次，這個小男孩又闖下大禍，老師懲罰小男孩站在講台上，並問全班小朋友：「你們看看，他像不像一頭大笨豬？」

天真無邪的孩子們只知道順著老師的話回答，異口同聲地說：「像！」

小男孩羞愧地低下頭來。他是受到懲罰了，然而，更糟糕的是，這個殘酷的懲罰可能將伴隨他一生。

他永遠不會忘記，曾經有那麼多人，當著他的面大聲地說他像一頭大笨豬。

一位年輕人在年邁的富人家裡擔任鐘點工人，每天，除了清潔工作，還有半個小時的「陪讀」任務。

一天，這名年輕人不小心把花瓶與筆筒的位置放反了，這原本不是什麼大事，年老的富人卻大發雷霆，指著年輕人的鼻子大罵笨蛋……

年輕人二話不說地忍耐著，因為他相當同情這名老人，除了還可以罵人的舌頭外，他已別無利器。

在將近十分鐘的咒罵後，老人好不容易才平息下來，要求年輕人進行每天的例行公事——讀一段故事給他聽。

年輕人翻著書，找到一個相當吸引人的標題，上面寫著：「南洋所羅門島上的一些土著，每當樹木長得過大，連斧頭都砍不了時，他們就會對著樹木集體叫喊，直到樹木倒下為止。喊叫扼殺了樹木的生命，比任何刀棍、石頭都還具有殺傷力；正如那些尖酸、刻薄、粗魯的言語，往往會刺傷人的內心。」

年邁富有但性格怪僻的老人聽了這個故事，沉默許久。當年輕人把咖啡送到他面前，準備為他加糖時，老人抬起頭來，臉上出現難得慈祥的笑容，親切地說：「不用加糖了，你的故事已經為我加了糖！」

一時之氣，造成自己的火山爆發是小事，但是對那些被火山餘燼灼傷的人們，卻有可能造成難以彌補的傷害，有損到自己的陰德。

爲別人所犯下錯誤生氣，無疑是在拿別人的錯誤來懲罰自己，想一想，這是多麼划不來啊！

爲突來的情緒生氣，你發了一場熊熊的無名火，想一想，這對別人來說，又是多麼地不公平！

如果不能控制自己的脾氣，那麼至少要懂得控制自己的嘴巴。生氣時，請不要隨便開口，你在這時吐出來的話，往往都不會是象牙。

罵人不必帶髒字

自己的話應該少說，別人的話應該多聽；自己的思想越卑劣，就越會挑剔別人的錯誤。

——克雷洛夫

想要反擊對手，就要當個舌戰高手

機智而又針鋒相對、尖酸刻薄的詭辯語言，就是經過高度淬煉的舌戰語言，在面對自己不喜歡的對手時，不妨如法炮製。

俄國著名的詩人馬雅可夫斯基，是個伶牙俐嘴的舌戰高手，曾經在一次大會上，對形形色色的聽眾發表演講。

演講結束後，台下忽然有人高聲喊著：「您講的那些笑話我聽不懂！」、「莫非您是長頸鹿？」

馬雅可夫斯基聽了，故意感嘆道：「只有長頸鹿才可能在星期一浸水，到星期六才感覺濕呢！」

一個矮胖子擠到台上嚷道：「我應該提醒您，馬雅可夫斯基先生，從偉大到可笑，只有一步之差。」

「不錯，」馬雅可夫斯基邊說邊用手指著自己和那個人的距離：「沒錯！從偉大到可笑，正是一步之差。」

馬雅可夫斯基接著讀台下遞上來的紙條，第一張寫著：「馬雅可夫斯基先生，您今晚賺了多少錢啊？」

他讀完後回答：「這與您有何相幹？反正您是分文不給的。」

又一張紙條說：「您的詩太駭人聽聞了，這樣寫詩是會短命的，若是你明天就完蛋的話，您會馬上被遺忘，根本不會成為不朽的人。」

馬雅可夫斯基順勢回答：「請您過一千年再來，到那時候，我們再談這個問題吧！」

更有一張紙條上寫：「您說，有時應把沾滿塵土的傳統和習性，從自己身上洗掉。那麼，您既然需要洗臉，也就是說，您是骯髒的了。」

他不慌不忙答：「那麼您不洗臉，就以為自己是乾淨的嗎？」

又有人傳來紙條，上頭說：「馬雅可夫斯基，您為什麼在手上戴戒指？這對您來說很不合適。」

他同樣的很快回答：「照您這麼說，我不應該把戒指戴在手上，而應該戴在鼻子上嘍？」

紙條又飛來一張，上頭說：「馬雅可夫斯基的詩不能使人沸騰，不能使人燃燒，也不能感染人。」

馬雅可夫斯基答：「當然，我的詩不是大海，不是火爐，也不是鼠疫。」

馬雅可夫斯基機智而又針鋒相對、尖酸刻薄的詭辯語言，就是經過高度淬煉的舌戰語言，在面對自己不喜歡的對手時，要是眞的忍不住，不妨如法炮製，狠狠修理對方一番。

小心脫口而出的話

凡事要謹言慎行，因為你所說的每一句話，絕對比你想像中的還要具有威力，甚至可以是致命的殺傷力。

美國有句諺語說：「喜歡到處和人打架的狗，通常會跛著腳回家。」

這句話提醒我們，喜歡和別人爭執的人，自以爲是兇猛的獅子，其實只不過是隻小狗，通常都不會有什麼好下場。

人不會因爲話說得太少而後悔，卻常常因爲說得太多而後悔。因爲，就算修養再好的人，一旦打開話匣子，也難免會說些自欺欺人和誇大不實的話語。

此外，當你心中有著怒火，說話的時候，總是有一些火星會冒出口中。結果就像斯溫伯恩所說的：「人們在尖刻的言語之中摘不到果子，在他們搖動大樹根部時，得到的是扎人的刺。」

有位哲人曾告誡我們，有四件事是一去不回的：一是說出口的話，二是已經射出的箭，三是過去的事，四是錯過的機會。

因此，不管談話之時情緒再怎麼惡劣，都要控制自己的舌頭，千萬別脫口說出讓自己後悔莫及的話語。

有個人向穆罕默德傾吐心中的悲傷和挫折，他因為對朋友口出惡言而深感自責，也對自己在非理智的情況下，脫口而出的話深感不安。所以，他想請教先知，怎麼做才能彌補自己的過錯。

這時，穆罕默德帶他繞了小鎮一圈，並要他趁晚上在每一戶人家的門前放了一根羽毛。隨後，穆罕默德也要求他第二天早上必須把羽毛一一收回，完成這項工作之後再把結果告訴他。

第二天，這個人滿臉愁容地來找穆罕默德。

「穆罕默德先生，」他哭喪著臉說：「昨天晚上我照你的話完成了任務，可是，今天早上我準備收回羽毛的時候，卻連一根都找不到了。」

「是的，你說過的話不也是如此？」穆罕默德解釋：「一出口後，它們就飛走了，再也收不回來了。」

史坦納曾經勸告我們說：「未經思考就脫口而出的話，往往會成為我們人生路上的絆腳石。」

「多說多錯，少說少錯」，這是我們最常被訓示的一句話，回想一下，你是不是常常後悔說過的話呢？

言多必失是事實，所以，凡事要謹言慎行，因爲你所說的每一句話，絕對比你想像中的還要具有威力，甚至可以是致命的殺傷力。

罵人不必帶髒字

人是理智的動物，但是，當他必須聽從理智行動時，卻總是莫名其妙地大發脾氣。

——王爾德

用機智展現
自己的風度

用幽默處理事情能避免衝突的發生，
還能反客為主，把問題轉變成為
反擊對手的輔助利器。

掌握致命武器進行攻擊

但當對手採用恐嚇或其他攻擊策略時，最好在初始階段就回擊，即使不能令他立即住手，至少也要讓他知道你是很難對付的對手，識破了他使用這種策略的用意所在。

傅曼曾說：「雖然沒有指名道姓，但是每個人卻都知道你在罵誰，這是罵人必須具備的厚黑智慧。」

的確，指著別人鼻子劈頭就罵，遠遠比不上被罵的人明明知道你在罵他，但卻不能出言反駁，因爲，只要他一反駁，就立刻陷入你設置「對號入座」的陷阱之中。

名作家斯威夫特在下列這則軼事中，手段則更毒辣，不但指名道姓，還把對方譏諷得毫無招架之力。

十九世紀初期，英國有個佔星家巴爾特，到處吹噓他的占星術如何靈驗，詐騙過許多人，也以此手段獲取了巨大的財富。

作家斯威夫特是有名的諷刺大師，對巴爾特的坑人把戲很厭惡，於是仿效這位占星家的計算法，編寫了一部《預言曆書》。

他在《預言曆書》上刊載，占星家巴爾特將於一八〇三年三月二十九日午夜十一點病故。到了這一天，斯威夫特大師又故意大肆在廣告牌上，發佈佔星家巴爾特已經生病死亡的公告。

巴爾特得知此事，氣得七竅生煙，暴跳如雷，卻又不得不四下闢謠，說自己並沒有死，仍然活得很好。

就在這個時候，斯威夫特向社會大眾宣佈，自己的《預言曆書》是按照巴爾特的占星術撰寫，可是現在，「該死的巴爾特」卻沒有死，預言無法應驗，所以他的占星術是荒謬騙人的。

從此以後，巴爾特說的話，再也沒人相信了。

將錯就錯是種反證法，由對方的虛假命題，推論出連對方也無法接受的結論，反過來證明自己的觀點是可信的。

當你發現對方用荒謬的觀點來蠱惑人心時，在還沒有掌握能夠一舉擊倒對方論點的武器時，最好不要立即回擊，因爲你打不倒對方，對方就會反過來咬你一口，要再反擊難度就高了。

在沒有掌握致命武器前，要不動聲色的準備彈藥武器，千萬不要讓對方發覺你的行動。

只有在確定了對付的策略，如斯威夫特對付巴爾特的騙術一樣，把準備工作全部做完後，才能向對方猛撲過去，一舉擊敗他。

唇槍舌劍中的反攻策略很多，但是，當對手採用恐嚇或其他攻擊策略時，最好在初始階段就回擊。

適時的還擊，即使不能令他立即住手，至少也要讓他知道你是很難對付的對手，識破了他使用這種策略的用意所在。

如果對手對此做出否定回應，並繼續要原本那一套，要克製住自己的情緒，別再進一步激起正面衝突，除非對方的過火行爲，使你忍無可忍；因爲你的最終目的是達成協議，而不是破裂。

如上述例子提到的謬論出現時，你就得認清對方使用的策略，找出巧妙的方法來加以對付。

如果採用一種不當的對付策略，例如在談判桌上一味責難對方，就會帶來難以預料的後果。

譬如，對方停止使用原本的策略，改用更險惡的招數，並且巧妙地隱藏起來，然後突然出其不意地攻擊你。

不管你做什麼或說什麼，他都要吹毛求疵一番，而回答問題時卻避重就輕、含糊應付，或反過來指出你的不當之處。

也可能情況相反，對方先給你一劑甜蜜的毒藥，等到你吃虧上當時，就再也無招架之力了。

罵人不必帶髒字

有些脫口而出的話語，儘管言者無心，卻常常無意之間道出事情的真相。

——勃特勒

給人面子，才不會得不償失

衝動地撕破臉固然大快人心，但是撕破臉之後呢？你也衝動地斷送了自己的後路。

「面子」在很多人心目中可謂是一件大事，士可殺不可辱，侮辱別人是何等沉重的一條大罪？但是，當對方「自取其辱」時，你要如何保全對方的顏面，又設法達到自己的目的呢？

一次，鄭武公設宴款待來自各國的使者，餐桌上擺著精緻絕倫、刻著九條龍的酒杯供各國使者使用。每位使者把玩欣賞自己面前的九龍杯，都對上面精細的刻功讚不絕口。

宴會結束時，一個眼尖的侍衛看到胡國的使者，竟然趁別人不注意時，偷偷拿了一個九龍杯藏到自己的袋子裡。

他把這件事報告了大將軍，但大將軍擔心直接向胡國使者要回杯子，會使對方惱羞成怒，因此遲遲不敢有所動作，打算先請示鄭武公的意見。

鄭武公左思右想，到底要怎麼樣才能順利地取回這個九龍杯，又讓大家都和和氣氣的，不傷感情呢？

「好，我有辦法了！晚宴後不是安排民俗技藝給遠道而來的貴賓們欣賞嗎？我們就加一場魔術表演，讓各國使者開開眼界。」鄭武公的算盤已經打好，拈著鬍子，一副胸有成竹的樣子。

吃飽喝足以後，魔術表演正式登場，魔術師將三個九龍杯用黑布蓋起來，接著拿了個道具，神秘兮兮地對著黑布比畫一下，等到黑布被掀開時，三個九龍杯竟然只剩下兩個。在眾人鼓掌歡呼時，魔術師向觀眾表示，其中那個平空消失的杯子被他變到台下觀眾那裡了。然後，魔術師緩緩地走向胡國使者，彬彬有禮地請他打開袋子，便把袋子裡的九龍杯拿回台上。

胡國使者雖然吃了悶虧，不過礙於情面，還必須配合大家為這個精采的魔術表演拍手叫好呢！

雖然鄭武公壞了胡國使者的好事，但是卻在達到雙贏的前提下，保全了胡國使者的面子。如果鄭武公當衆揭穿胡國使者令人不齒的行為，即使最後取回九龍杯，卻也不免有小題大作的嫌疑，甚至引來吝嗇小氣的批評，就算有理，也是得不償失。

記住，多了個朋友就等於少了個敵人，給對方留條後路，也就等於給自己留條後路；衝動地撕破臉固然大快人心，但是，撕破臉之後呢？有時你也衝動地斷送了自己的後路。

罵人不必帶髒字

千萬不要開傻瓜的玩笑，也不要和他們爭辯，否則，到最後旁人會搞不清楚，到底誰才是傻瓜。

——西魯斯

設法把蠢豬變成猛虎

當別人的表現不如自己的預期时，破口大罵並不是最好的方式，有時不妨以讚美競爭對手的方式，製造他的危機意識。

有位哲人曾經針對不同個性的人，說過一番有趣的比喻，他說：每一個人心中都有一隻老虎、一頭豬、一匹驢和一隻夜鶯，正是這四者活躍程度的不同，造成了人與人之間性格與工作態度的不同。

想要將一個人從懶豬變成猛虎，有時候就必須透過不經意的暗示言語，讓他產生濃厚的危機意識。

有個企業家有一個長年為他開車的司機，最近他感覺這個司機工作態度惡劣，不但經常遲到，而且開車時心不在焉，讓這個企業家毫無安全感。

然而，這個企業家並不直接責罵他，只是若無其事地告訴他說：「你也認識你的同行A君吧？他是你的晚輩，據說工作態度非常認真，給人的印象很好，從來都不遲到早退。」

這個經營者只淡淡地說了這些，就不再多說了。那個司機當時並沒有任何反應，但從此以後，他的工作態度就有了極大的轉變。畢竟在經濟不景氣的時代，每個人都想保住自己的飯碗。

當別人的表現不如自己的預期時，破口大罵並不是最好的方式，有時不妨以讚美競爭對手的方式，製造他的危機意識。

要能利用這種心理，並設立一個競爭對象，讓對方知道競爭對象的存在，就一定能成功地激發起一個人的幹勁。

但是，如果以直接的方式告訴對方說：「他就是你的競爭對手。」效果會很差。因為，這樣好像給了對方一個強制性的壓力，使對方有了警戒的心理，他反而會在心理上產生反抗。

某個有名的中學教師也善於運用這種方式，經常以學生的成績來編排座位，使成績相近的人坐在一起。如此一來，學生之間很自然地就會產生競爭的心理，因而會更加用功讀書。

遇到「不點不亮」的人，不必厲聲訓斥，以這種方式去誘導對方，讓他注意到競爭對手的存在，那麼你的目的就可以達到八十％。

罵人不必帶髒字

對別人微笑，和別人握手，不用花費太多時間和精神，但是卻可以使你生意興隆。

——華納美克

用包容來避免無謂的衝突

敞開自己的心胸，不要太過計較別人的小奸小惡，你會發現，最大的受益人不是別人，而是你自己。

托爾斯泰曾說：「只要一個人原諒了別人，他自己就是對的。」容忍別人的疏忽和過錯，不僅是具有寬厚胸懷和高尚品格的表現，更是成功的特質之一。

雷馬是個演藝圈有名的經紀人，旗下的藝人個個是大牌，每個都炙手可熱、紅透半邊天，也因此把雷馬捧上了經紀人的第一把交椅。還沒合作過的藝人都希望可以跟雷馬合作，合作過的藝人也對他的為人讚譽有加，不過雷馬倒是對自己的成果不以為意，他覺得自己只是表面風光，背地裡辛酸。

長期和這些大牌明星相處，必須學會忍受各式各樣的怪癖和脾氣，在演藝圈打滾多年，雷馬所學到的第一件事，就是同情，尤其對那些大牌明星無理取鬧的要求，更是只能以「同情」兩個字來應付。

一次，雷馬旗下的一位女歌手舉辦大型演唱會，但是前一天晚上這位女歌手卻和男友參加狂歡派對，瘋了一整夜，隔天起床發現自己喉嚨沙啞，竟然吵著要把當晚的演唱會取消。

雷馬實在忍無可忍，真想嚴厲訓誡女歌手的荒唐不懂事，但是演唱會迫在眉梢，再怎麼生氣也是於事無補，雷馬於是立刻趕到女歌手下榻的飯店，以無比同情的語氣對女歌手說：「發生了這種事，真是不幸，好吧，我們把演唱會取消好了，不過損失一兩千萬而已，跟妳損失的名譽相比，根本不算什麼。」

女歌手一聽，立刻明白事態嚴重，不可以再任意妄為，於是馬上加緊速度整裝待發。當晚演唱會佳評如潮，沒有一個人聽得出女歌手的聲音有一點沙啞。

不得不佩服雷馬的足智多謀，以及他一流的忍功和耐力，當然，雷馬是爲了生活所需，才磨練到如此爐火純青的地步，要是一般人，早已大呼受不了，拍拍屁股走人了。但是，仔細想想，一時的忍讓，包容別人的不是之處，難道眞的有這麼困難嗎？

爲什麼不學學雷馬，以同情的態度去包容別人的壞習慣，如此不僅可以減少無謂的衝突，又可以收斂自己的脾氣，一舉兩得，爲什麼不試著做做看呢？

用同情的角度來對待世界，就可以包容一切。別人的不講理是他的目光狹窄，別人有怪毛病其實也相當可憐，別人侮蔑自己，不欣賞自己，那也不過是他的損失而已。敞開自己的心胸，不要太過計較別人的小奸小惡，你會發現，最大的受益人不是別人，而是你自己。

罵人不必帶髒字

與其和狗爭道，被牠咬一口，倒不如讓牠先走。因為就算你宰了牠，也治不好你被咬的傷口。

——林肯

旁敲側擊是絕佳的溝通技巧

想解決問題時，我們可以多繞個彎，從旁觀察事情的進展，在過程中不斷修正修補其中缺失，好讓最終目標能圓滿達成。

微笑是與人交流最好的方法，冷靜則是與人溝通時重要的態度。因爲情緒化無法解決問題，更無法建立和睦的人際關係。

舉例來說，當你想和朋友溝通問題時，你都是直接告訴他「你應該這麼做」的命令句，或是用「你認爲該怎麼做」的疑問句來尋求認同呢？

換做是你，在這兩句話中，你比較喜歡哪一句？

與人溝通時，一旦感覺不對了，自然出現阻礙。反之，只要人們能感受到你的誠意，即使裂痕已經產生，最終也能在巧妙的溝通技巧下縫合的完美無缺。

由於父母在一場意外中死去，小男孩只好到唯一的親叔叔家中寄養。小男孩非常受到叔父叔母的疼愛，因為聰明伶俐的他經常扮演家中的溝通橋樑。

這天，他看見叔父滿臉鬱悶的表情，忍不住問道：「叔叔，您怎麼了？」

叔叔看著小侄子，嘆了口氣道：「唉，哥哥雖然已經走了，但是至少還有你這點血脈傳承。可是，我到現在膝下猶虛，無一兒半女，想納個小妾以傳宗接代，無奈你嬸嬸就是不答應。」

小男孩認真地聆聽叔叔的煩惱後，對叔叔說：「叔叔，您別擔心，我會想出法子來說服嬸嬸的。」

第二天早上，小男孩找來了一把量尺，接著裝模作樣地在後院裡量起地皮來了。這個奇怪的舉動當然也引來了嬸嬸好奇的目光。

只見嬸嬸走出屋外，對小男孩說：「你在做什麼？」

「我在量地，看看有多大！」小男孩頭也不抬地隨口回應，看起來他似乎很著急地想快些把這件事完成。

嬸嬸吃驚地問道：「量地？你量地做什麼？」

聽見嬸嬸著急的聲音，男孩這才停下手中的工作，帶著驕傲的神情對嬸嬸說：「嬸嬸，我在為自己的將來做準備啊！妳想想，妳和叔叔總有一天會老，你們又沒有兒子，這間房屋將來肯定是我的了。所以啊！我想現在先量一量，等將來拿到手後，就可以隨心所欲地改造了。」

嬸嬸一聽，吃驚地說不出話來，瞪大了眼看著這個小孩，心想：「這小鬼居然在覬覦我們的家產。不行，我一定要告訴相公。對了！上次他提到納妾之事，得叫他快找媒婆來才行。」

聰明的小男孩緊捉人性弱點，輕鬆引誘嬸嬸上當。畢竟對嬸嬸來說，小男孩始終是別人的孩子，因此一發現小男孩別有企圖，嬸嬸當然著急了。

深諳人性心理的小男孩，只以小小的量地動作，便讓嬸嬸心甘情願地接受叔叔納妾。只因他知道，人們一旦遇到利益的衝突，大多都會選擇維護自己的利益。一如故事中的嬸嬸，爲了維護家產，她選擇了退讓，接受丈夫納妾。

這是一個絕妙的溝通技巧，不需要長篇大論的分析說理，只用一個小動作，便能迫使嬸嬸積極「領悟」，領悟她將來恐怕會面臨無後的危機。

因此，想與人溝通時，我們應當懂得拿捏進退，更要學會旁敲側擊的技巧。想解決問題時，我們可以多繞個彎，從旁觀察事情的進展，在過程中不斷修正修補其中缺失，好讓最終目標能圓滿達成。

與人溝通的方法其實不難。只要我們肯花點心思，懂得按捺自己的情緒，那麼無論多麼固執的對手，也一定能在我們的溝通智慧中點頭答應。

罵人不必帶髒字

凡是在自己心裡進行武裝的預言家都會獲勝，沒有武裝的就會毀滅。

——馬基維利

用機智展現自己的風度

用幽默處理事情能避免衝突的發生，還能反客為主，把問題轉變成為反擊對手的輔助利器。

法國文豪巴爾札克曾經寫道：「世上所有德性高尚的聖人，都能忍受凡人的刻薄和侮辱。」

就算你不想當聖人，至少也要設法當個受歡迎的人，遇到那些言行刻薄的人，也要懂得恰當地回應，才不至於將氣氛鬧僵。

你想成爲人見人愛的交往對象嗎？

那麼，就別再與人怒目相向，也不要再任由情緒隨時爆發。忍住想破口大罵的情緒，冷靜你的脾氣，在情緒高漲前提醒自己：「要微笑！」

喜歡用微笑與幽默來解決事情的人，很難不吸引人的目光。因爲，從他們的身上，我們都會感受到隱身在微笑背後「與人爲善的本意」，以及潛藏在幽默話語裡的「握手言和的誠意」。

俄國詩人普希金年輕的時候，有一天參加了一場舞會。在會場中，他被一位美麗的女孩吸引，於是緩緩地走向女孩面前，接著禮貌地邀請女孩共舞。未料，這個女孩滿臉傲慢地說：「不，我不能和小孩子一塊跳舞！」被恥笑為「小孩子」的普希金，對於這個不禮貌的回應一點也不生氣。他還是保持風度，很有禮貌地鞠了躬，接著微笑說：「對不起，親愛的小姐，我不知道您懷著孩子啊！」

說完，普希金便離開了。至於原本態度高傲，遭到反諷的驕傲女孩，一時間居然被這句話塞得啞口無言。

古羅馬思想家西塞羅論及言談的藝術時說：「玩笑與幽默會給人帶來樂趣，而且常常可以產生巨大的作用。」

從普希金的這則軼事，我們不難得到印證。這則幽默例子，不僅表現出詩人的生活睿智，更突顯他待人處事的風度。

在這個「智」與「禮」兼顧的幽默故事中，不僅讓我們看見了用幽默來解決問題時的趣味，更讓我們明白了，原來用幽默處理事情更能避免衝突的發生，還能反客爲主，把問題轉變成爲反擊對手的輔助利器。

培養幽默感其實並不難，只要我們從掌握個人的情緒開始，要求自己凡事都要冷靜處理，那麼不管什麼樣困難或尷尬的問題找上門，我們自然懂得如何用更有趣的角度去分析解決。

罵人不必帶髒字

失足所引起的傷痛可以很快就恢復，而失言所導致的結果可能造成終身遺憾。

——富勒

試著把話說得更好聽

忠言逆耳，古有明鑑，世人皆如此，那麼又何必硬要朝他人的痛處踩下去呢？

諷刺作家斯威夫特曾說：「歷史上的那些偉人都擁有兩個與眾不同的器官，那就是一張始終不露聲色的臉孔和一個永不守信用的舌頭。」

的確，見人說人話，見鬼說鬼話，是所有成功的大人物都具備的一項特異功能，因爲，如果他們沒有一個能夠見風轉舵的舌頭，又如何能讓別人跟傻瓜一樣爲他們心甘情願賣命呢？

其實，「見人說人話，見鬼說鬼話」不見得不好，只要不是存心騙人，運用在日常生活中，這種見風轉舵的說話方式，正是我們趨吉避凶的自保方法。

有個國王在夜裡做夢，夢見他的頭髮全部掉光了，醒來後心急如焚，連忙請來一位解夢大師，問問這個夢境的意思。

這名解夢大師聲名遠播，無人不曉，據說非常靈驗。大師聽了國王的夢境後，嘆了口氣說：「國王陛下，這個夢說明了您的親人將會遭到不測，如同頭髮掉落一般，實在是不幸啊！」

國王聽了勃然大怒，情緒失控地拍著桌子說：「來人啊！把這個胡說八道的傢伙給我拖出去斬了！」

話雖如此，國王還是感到不放心，立刻又召來了另一位解夢專家，請他說明這個夢境的意義。聽了國王的敘述之後，解夢專家展開了笑容，向國王深深一鞠躬說：「恭喜國王，這個夢顯示您將會活得比您所有的親人還久。」

國王聽了，總算放下了心裡那塊七上八下的大石頭，趕緊命侍衛帶領解夢專家至庫房領取賞金。途中，侍衛大惑不解地問：「在我聽來，你們兩個解夢大師的解釋並沒有什麼不同啊！為什麼國王卻一會兒生氣，一會兒又如此高興呢？」

解夢專家氣定神閒地笑著說：「同樣的意思，他說的是國王不喜歡的那部份，而我說的則是國王想聽到的話。」

表達的意思相同，但是只要表達的方式不同，結果也就大不相同。直言相諫的忠臣，通常也死得最快，反倒是口蜜腹劍的小人，在歷史上層出不窮，廣受君主的重用。忠言逆耳，古有明鑑，世人都喜歡聽好聽的話，不喜歡刺耳的話，那麼又何必硬要朝他人的痛處踩下去呢？

掌握說話的藝術，不代表你只能說好聽的話，而是要學習如何把話說得更好聽一點，每個人都喜歡聽好話，只要誠實無害，何樂而不爲呢？

罵人不必帶髒字

有四種東西你永遠無法挽回：說出去的話，射出去的箭，消逝的時間，錯過的機會。

——伊本·歐馬爾

不想吃虧就別佔人便宜

「貪心」是人們最容易犯的錯誤，那些被金光黨洗劫一空的受害者，不也是因為起了貪念在先嗎？

討價還價、殺價砍價是菜市場中每天都在上演的戲碼。人們一面擔心自己吃虧，一面又想盡辦法要佔人便宜，然而，道高一尺魔高一丈，你以爲自己佔了便宜，最後卻往往是吃了大虧。

清朝著名的畫家鄭板橋，有一位窮朋友名叫張文涓。

張文涓的家境貧寒，一次周轉不靈，逼不得已欠了鹽商二兩銀子，遲遲無法歸還。

儘管他苦苦哀求，但是鹽商卻怎麼也不答應讓他再拖欠數日，所以命人到張家，硬是搬走他家祖傳的大龍缸。

鄭板橋聽聞此事，看不慣這個勢利眼的商人，心生一計，想要好好地教訓教訓他。

於是，這一天鄭板橋信步來到了鹽店，佯裝看中擺在店裡的大龍缸，故意傻頭傻腦地問老闆：「這個缸我很喜歡，你賣多少錢一斤？」

老闆一聽，認為這個人想必是個書呆子，沒見過世面，缸哪有論斤賣的？本來想辱罵他幾句，卻忽然轉念一想，這不正是個大好機會，趁機在這個書呆子身上好好敲上一筆。

於是，老闆回答：「算你便宜點，一斤就賣五錢銀子。」

「好，我買了。」鄭板橋想也不想，便答應了。

鹽商笑得合不攏嘴，這缸少說也有一百多斤，這麼便宜的事居然讓他碰上了，這不是天上掉下來的財富嗎？

打鐵趁熱，鹽商馬上差幾個人抬著大缸，跟著鄭板橋回家。鄭板橋故意帶著他們在大街小巷不斷繞啊繞的，直到抬缸的那幾個人氣喘吁吁，手腳發軟，只差一點就要癱坐在地上了。

鄭板橋看到機不可失，便走到張文涓家附近的一個小店，進去借了一個小秤，然後對鹽商說：「這缸實在太重了，我看你的人也搬不動了，這樣吧！你把缸敲下一塊來，秤三斤賣給我，我自己帶回去。」

鹽商一聽，面紅耳赤地拉著鄭板橋大罵：「混帳！你分明是在耍我！缸怎麼能敲碎了論斤賣？」

只見鄭板橋不疾不徐地回答說：「但是，我先前跟你談的是論斤賣，你自己說可以的，不是嗎？至於要買多少斤，那當然是在於我囉！」

鹽商氣得說不出話來，但是，看著抬缸的幾個工人累得坐在地上爬不起來，只好無奈地說：「這缸就便宜賣給你吧！原來是別人以二兩銀子抵債的，我就收你二兩銀子吧！」

於是，鄭板橋開開心心地付了二兩銀子，吩咐鹽商把缸送回張家。

鄭板橋是聰明的，但是也是奸詐的；他成功運用人性的弱點，扮豬吃老虎，讓鹽商不疑有他，一步步落入他的陷阱中。

「貪心」是人們最容易犯的錯誤，那些被金光黨洗劫一空的受害者，不也是因爲起了貪念在先嗎？

如果不想被人佔便宜，就要先堅持不佔人便宜。天底下或許眞的有這麼好的事，但是何以會平白無故地落到你頭上？

人們總是欺善怕惡，柿子揀軟的捏，但是，千萬要小心提防你捏到的不是軟的，而是爛的。

罵人不必帶髒字

爭執的結果往往是這樣的，十之八九的人比先前更加相信自己絕對是正確的。

——伯特勒

把自己的意見
滲透到別人心裡

如果你朋友是那種傲慢得從不說「是」的人，
你就應該像與登堡的參謀們一樣，
將自己的意見「滲透」到他的心裡去。

把自己的意見滲透到別人心裡

如果你朋友是那種傲慢得從不說「是」的人，你就應該像興登堡的參謀們一樣，將自己的意見「滲透」到他的心裡去。

德國心理學家馬克．拉莫斯曾經提醒我們：「不管贊成或者是反對某件事，兩種意見總是會有大量的理由。語言的藝術就在於你如何充分地表達，但是百分之九十九的人，卻經常忽略說話的重要性。」

想要建立良好的人際關係，成功地使事情朝自己期望的方向發展，非但不能口出髒話，更要加強自己說話的方式，把自己的意見滲透到別人的心理。

有些自視清高的人，從來不願受人驅使，別人有事求他卻很樂意，跟這樣的人交朋友，你要善知他的性格特點才行。

這種人，他們與別人交往的時候很少點頭稱「是」，而且常常擺出一副傲慢的姿態，似乎別人都不如他。有這種特徵的人，通常身分、層次較高。

其實，根據心理學家的分析，凡是不願說「是」的人，並不全是傲慢，有的反而是懷有強烈的自卑感，內心恐怕自己比不上別人。因爲擔心自己比不上別人，所以不喜歡說「是」，藉以補償自己的自卑觀念。

從前的德國名將興登堡，就是這樣一個典型的例子。他的一個部下曾在一部回憶錄裡記述說：「元帥（指興登堡）從來不對我說『是』，當他不說話時，差不多已等於贊同我的意見了。我相信他對於『是』字相當厭惡。」

興登堡的參謀都已捉摸透興登堡的這種性格，懂得用各自的意見「滲透」元帥的心，這樣一來，雖然元帥不用口說「同意」二字，大家也都明白元帥已經接受了各人的意見。

興登堡雖然具有不說「是」的缺點，但他有豐富的分析能力，善於分析利害，是一位很好的將領人才。

在日常生活中，你可能遇到不說「是」的朋友，也可能你自己就是一個不喜歡說「是」的人。

如果你朋友是那種傲慢得從不說「是」的人，你就應該像興登堡的參謀們一樣，將自己的意見「滲透」到他的心裡去。

而如果你自己是那種不願說「是」的人，就應該捫心自問，自己的這種姿態是清高自傲，還是自慚、自卑？

如是自卑，就應該虛心向人學習，如果是自傲，則應想到大家都是平常之人，自己雖然不錯，別人肯定也有許多長處，憑什麼傲慢呢？

誘使對方朝著你的方向走

雖然運用兩者中選擇一種的方法，常會產生許多障礙，但是，可以迫使處於疑惑不決的對方，朝著你所希望的方向去選擇。

英國作家哈代曾經說：「有些人就像行星一樣，行動的時候，總是會把周圍的氣氛帶動起來。」

在現實生活中，有的人不管走到哪裡，都處處受人歡迎，做起事來左右逢源。有的人卻寸步難行，即使在家庭、學校或工作場合，做事也處處碰壁，幾乎沒人願意和他進行良性互動。

其實，造成兩者之間的差別，原因就在於是否懂得拿捏說話的方式和分寸。只有懂得如何說話的人，才可能吸納週遭的能量供自己使用。

美國演說家赫拉在提到「潛在心理術」時，經常引述歷史上偉大人物的政治演說。譬如，他曾舉例說，古代羅馬的政治家布魯斯特在殺害凱撒之後，有一場說服長老院長老的演說，其中一段話是這樣說的：「你們是希望讓凱撒死，而你們大家過自由的日子，還是希望讓凱撒活著，你們都淪爲奴隸終至死亡？這兩者，你們要選擇的是什麼？」

赫拉指出，這段演說主要是爲了讓長老院的長老，放棄其他選擇的辦法，迫使他們在「自由」或「死亡」之中進行選擇。

另外，還有一句名言：「不自由，毋寧死。」這是美國人爲了擺脫英國的統治，巴特利克郭利所說的一句話，又可稱爲是獨立戰爭的宣戰宣言。

選擇一個好的獨立宣言，對當時的美國人來說非常重要，因爲萬一失敗，是會被當作反叛者而處以極刑的。

爲了避免人們的迷惑，要人民自己做決定，於是巴特利克郭利採取了二選一的方法，他的名言留傳後世，那就是：「要鎖鏈還是要隸屬？要英國還是要戰爭？」以及「不自由，毋寧死」等等。

以這種強調一方的缺點，而在兩者中選一的方法，在自然的情況下，聽衆一定會選擇你希望中的那一個。即使該項選擇的利益非常微小，但因爲別無其他選擇，聽衆也只有勉爲其難地選擇這一個。

雖然運用兩者中選一的方法，常會產生許多障礙，但是，可以迫使處於疑惑不決的對方，朝著你所希望的方向去選擇。

例如，當你要說服正在選擇學校的人時，可以這樣說：「與其勉強進入一流的學校，在競爭中產生挫折感，還不如進入二流的學校，自己努力讀書，反而更能產生自信心。」

像這種說服方式，一定可以解除正處於彷徨猶豫的考生和父母的疑慮。

你會承認自己是一個「醜男人」嗎？

當一個人產生反感時，潛在心理就是希望自己的優越感能夠得到認可，如果發現自己比對方還要差，就會對對方更加反感。

林肯還沒當總統之前，有一次，一個暴徒怒氣沖沖地拿著手槍對他說：「我曾發過誓，如果有一天遇到一個比我還醜的男人，我一定當場把他打死。」

沒想到，林肯不慌不忙地向那個暴徒承認，自己確實是一個醜男人，並且對他說：「你如果想打，就打吧！」

結果，這個暴徒的氣消了，自動離開。

林肯眞不愧是一個聰明人，他對暴徒說話時態度謙卑，因而化解了自己的危機。

如果他遭遇危險之時，仍對暴徒採取高高在上的姿態，或者厲聲斥責，必定會引起暴徒更大的反感。

林肯面對暴徒的威脅羞辱，仍仔細去聽對方的話，並消除對方複雜不平衡的情緒，由於他承認自己是一個醜男人，使得暴徒對林肯反感的理由瞬間都消失了。

當一個人對別人產生反感時，潛在心理就是希望自己的優越感能夠得到認可，如果他發現自己比對方還要差時，就會心生怨憤，對對方更加反感。

所以，一個人如果心理狀態不夠健全，就會因爲自己的自卑感，而對別人的優越產生反感。

人一旦有了這種不健全的心理後，便會醞釀出一種攻擊性的防禦策略。

林肯的做法就是放棄自己的優越性，讓自己處於「委屈」的卑下地位，先接受對方的反感，然後再誘導對方產生優越感，這的確是一種能使對方消除怒氣的有效方法。

用「只有你才能」瓦解對方戒心

當一個人優越感被觸及時，他就會不斷地想要和對方接近。挑起對方的優越感，可以瓦解對方的警戒心理，使他採取積極的回應態度。

美國口香糖大王李格雷的傳記中，有一則與潛在心理攻心術有關的故事。這件事是李格雷還在一家肥皂公司擔任推銷工作時發生的。

有一天，一個雜貨店的老闆，突然跑進李格雷任職的肥皂公司，以非常嚴肅激動的口氣叫道：「像你們這樣的公司，一定會垮掉。」

當時，在場的員工聽到這番話都十分生氣，但是，李格雷卻不以為意地對雜貨店老闆說：「非常對不起！但是我想我們一定非常有緣。我是新來的業務員，請問您有何指教？請給我一點建議吧！把肥皂賣出去是我的責任，您是一個經驗豐富的人，請您教我應該怎樣做。」

這個雜貨店老闆剛開始時很生氣，但是當他被李格雷觸及優越感和自尊心後，隨即和顏悅色地說道：「那……我就告訴你吧，你最好賣便宜一點。」

接著，他對李格雷滔滔不絕地談論生意經，並且越談越起勁，一直說了兩個小時，到最後他不但把推銷肥皂的訣竅傳授給李格雷，而且臨走時還承諾要大批購買該肥皂公司的肥皂。

當一個人優越感被觸及時，他就會不斷地想要和對方接近。譬如，當上司想和部下談論一件事情時，與其開口說：「我想和你談一談。」倒不如說：「只有和你才可以談這件事。」

這兩句話給部屬的感覺是完全不一樣的。

上司說前一句話時好像帶著壓力，會使部下的內心裡築起一道防禦的牆，而以抗拒的態度來回答。反之，「只有你才……」的說法，卻可以瓦解對方的警戒心理，使他採取積極的回應態度。

另外，像一些會員制的俱樂部、高爾夫球場或五星級飯店，為了要招募會員，總是利用消費者的潛在心理，採取郵寄廣告的方式，寄上印刷精美的宣傳信函，上面不但有醒目的圖案，還有誘人的廣告詞，如「唯有像您這樣年收入一百萬以上的人……」、「唯有像您這種××大學出身的人……」、「唯有像你這樣被精挑細選出來的人」等等，這些都是想觸及接信人的優越感和自尊心。

相信每個人一定有過接到廣告傳單，連看都不看一眼就扔掉的經驗，但是，如果接到類似上述口氣的宣傳廣告時，即使不想入會，也會多看幾眼上面的句子，滿足一下自己的虛榮心。

用「我們」來拉攏別人

說「你們」時，人們的感覺是說話的人和聽話的人分別存在，並處於不同的立場，而「我們」給人的印象，則是兩者站在同一個立場上。

莎士比亞在《亨利四世》中曾經寫道：「即使理由多得像烏莓子一樣，我也不願在別人強迫下給他一個理由。」

強迫和謾罵，絕對不是最好、最有效的溝通方式，而且極可能衍生負面的結果，最後與自己的期待背道而馳。

你可以把一頭驢子牽到河邊，但是無法透過強迫和謾罵的方式逼牠喝水。相同的，人其實很難透過強迫性的舉動，說服別人贊成自己的觀點，或是要求別人按照自己的主觀意志，去做百般抗拒的事情。

想要使對方朝著自己希望的方向走，就必須懂得站在對方的立場說話。

清朝末年主張維新變法的康有為，曾經在私塾教了兩年書，對學生的影響頗為深遠。不過，有一些教育界人士，對康有為的教學方式很不以為然。因為，當時康有為很重視教導者與被教導者之間的關係，以及學習的方法，而最具代表性的學習方法，就是直接呼叫學生的名字。

當時，一般人認為上司和下屬、老師和學生之間，應該保持一定的距離，但是，康有為打破了這個觀念，消除了老師和學生身分上的上下關係，對每一個學生都採取「師弟」的平行立場來稱呼。

他的這種做法使得門下的許多年輕人備受感動，所以對他的教導很容易接受。

像這種誘導心靈方式產生的功效，是一般人想像不到的。

呼叫別人的方式應該特別注意，儘量不要說「你」，「你們」，盡可能地用「我們」來表示。

其實，很多人都明白這個道理，因爲當說「你們」時，人們的感覺是說話的人和聽話的人分別存在，並處於不同的立場，而「我們」給人的印象，則是兩者站在同一個立場上。

許多心理學家在說話時，通常不說「你們」而說「我們」，這主要是爲了要喚起聽者的關心。他們寧可說「我們」而不說「你們」，也是爲了將說話的人和聽話的人融爲一體。

由於選擇「說話方式」而達到成功的例子非常多，例如，美國前總統尼克森，在提出美國歷史上最大的一筆聯邦預算時，就曾以這種方式對美國國民呼籲說：「偉大的政府掌握在我們大家手中，利用我們大家的錢來建立國家的時期已經來到了。」

別只會用嘴巴把自己「吹成」英雄

一個人的價值在於他完成了什麼事，不在於他說了什麼話。只會使用華麗的詞藻高談闊論，在現實環境根本毫無用處，只會惹來別人的陣陣訕笑。

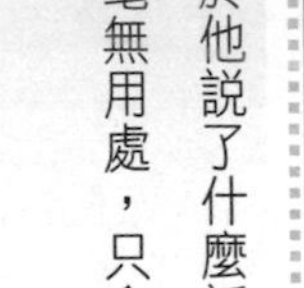

英國作家斯威夫特說：「在交談當中，有的人用些陳腔濫調折磨著每一個賓客，不讓自己的舌頭休息片刻，卻自以為是學識淵博。」

說話的時候口若懸河，一味誇耀自己、吹捧自己的人，並不會大受歡迎，只可能招來別人的反感。

在生活週遭或者工作場合，我們常常會碰到善於吹牛並且強詞奪理的人。千萬不要和這種專逞口舌之能的人做朋友，應該儘快和他們疏遠，即使因爲種種因素，無法擺脫他們，也應該設法保持一定距離，防止他們走進自己的生活圈，否則最後受害的將是自己。

在現實生活中，也有許多喜歡動口不動手的人。有的人則胸無點墨，只會仗著一張嘴大說歪理，試圖以花言巧語矇騙對方。

有的人本身成事不足敗事有餘的人，從未幹過像樣的事情，卻口若懸河把自己說得如何傑出。

有的人明明是混不出名堂的窮光蛋，卻老是幻想自己是億萬富翁，開口閉口都是巨額的投資計劃；有的人連自己都無法駕馭了，卻可以大言不慚地談論領導秘訣。目前社會中，這種不學無術的人到處可見，我們應該小心地加以防範，不千萬要被誇大不實的謊言所矇騙。

相對的，我們也應該時時提醒自己，要腳踏實地去實踐自己的計劃和理想，不要淪為滿腦子想法，只會用嘴巴建造空中樓閣。

必須記住，一個人的價值在於他完成了什麼事，不在於他說了什麼話。只會使用華麗的詞藻高談闊論，在現實環境根本毫無用處，只會惹來別人的陣陣訕笑。譬如，有些企業負責人或是生意人，總是在別人面前議論國家財經政策，或是口沫橫飛大談企業經營謀略、管理方法，而自己的公司或工廠卻瀕臨倒閉，這豈不是一種絕大的諷刺嗎？

沒有內涵，卻善於耍弄詭辯自欺欺人的人，永遠也成不了大事。在日常生活中，我們應該多做點實實在在的事，少耍嘴皮子玩弄詭辯的花招。同時，對於那種光會耍嘴皮子說大話的人，也要敬而遠之，千萬別把他們當作好朋友交往。

會「修理」你的朋友一定要交

朋友太多了就難辨真偽，必須在交往中去積累經驗，不過，有一種朋友肯定值得一交，那就是會當面「修理」你的朋友。

日本心理學家夏目通利曾說：「人類自我實現的意識很強，因此要有接納他人的雅量，才能建立良好的人際關係。」

如何以積極的方式增強自己的人際關係，並且從別人的批評中，萃取出對自己有用的事物，可說是邁向成功的一大捷徑。

生活在這個世界上，每個人都會擁有自己的朋友。有很多人因爲好朋友的幫助而獲得成功，也有很多人因爲壞朋友的算計而招致失敗，甚至因爲壞朋友的緣故而傾家蕩產、妻離子散。

這樣慘痛的事例並不少見，而且一再地在人生舞台上演。

正因爲如此，我們在結交朋友之時必須小心翼翼，寧可沒有朋友，也不要結交一堆狐群狗黨。

當你緊閉心扉的時候，有的人會用熱誠的心去開啓。遇到此種情景時，你不妨試著和他交往，仔細觀察他的言行舉止，不然就可能錯失一個難得的好朋友。當然，想要敲開你心扉的人，也許會有其他企圖，但只要你睜亮雙眼，就可以洞察他的眞正目的，他的詭計就難以得逞。

人生在世，無可避免地要面對「結交朋友」這個課題，交上好朋友是你的幸運，他會使你走上人生的光明大道，甚至爲你帶來事業上的成功。

若是交到壞的朋友，這將是你一生中最大的不幸，他不把你誘入歧途徹底毀滅，是不會甘心的。

朋友有很多類型，他們對待人的態度也五花八門，有見面專說恭維動聽的好話，有的專門灌迷魂湯，誘使你一步步墮入罪惡的淵藪；有的口蜜腹劍，專在背後捅你刀子；有的熱情似火，有的冷漠如冰；有的有事相求才會找你，還有的必須給他好處，才會認爲你是「朋友」。

朋友太多了就難辨眞僞，必須在日常的交往中去積累經驗，記取教訓。不過，有一種朋友肯定值得一交，那就是會當面「修理」你的朋友。

會「修理」你的朋友，與專說好話給你聽的朋友比起來，你肯定會討厭他們。因爲，這種朋友說的都是不中聽的話，而當你得意洋洋地向他訴說某項計劃時，他又會迎頭潑你一盆冷水，你滿腹的計劃、理想，往往被他毫不留情地說得一無是處。有時，他還會把你爲人處事的缺點批評一通……

總之，從他嘴裡聽不到一句讓你高興的話，這種人不使人討厭才怪。

但是，如果你因爲怕聽那些令自己不愉快的話，就懶得和這種人交朋友，那就大錯特錯了。

一般人在與人交往過程中，都儘量不去得罪人，因此多半會說些好聽的話讓別人高興，這算不上奸詐或卑鄙。

但是，站在朋友的立場，明知道你有某些缺點而隱瞞不說，反而一味地吹捧你，這又算什麼朋友？

這種朋友即使不害你，也失去了交友的意義。

有些人喜歡聽好話，聽了好話便喜上眉梢，完全不去仔細琢磨這話裡面攙了多少虛假成分，而且一樂昏了頭，就會對這些朋友言聽計從。

相較之下，光揀難聽話說、讓你討厭的朋友，無疑眞實多了。他們絕對不會有求於你，但出發點又是爲了你好，這種朋友難道不値得交往嗎？

人一旦有求於人，在別人面前說話必定句句都是好話；用難聽的話來「修理」你的，才是眞心想助你進步、成功的人。

不利於己的話其實對你有利

為了讓對方相信自己，一再強調自己的優點，反而缺乏說服力。還不如利用潛在的「彆扭心態」，來取得對方的信任。

美國在費城舉行憲法會議的時候，會議中分為贊成派和反對派，討論相當白熱化。出席者的言論都非常尖銳，甚至演變成人身攻擊。

由於出席者有著人種、宗教方面的差異，利害關係相同的人自然結合在一起，議會充滿了火藥味和互不信任的氣氛。

眼看會議即將決裂時，持贊成意見的富蘭克林適時出面收拾了紊亂的場面，終於促使了憲法成立。面對反對派猛烈地攻擊，富蘭克林不慌不忙地對他們說：「老實說，對這個憲法我也並非完全贊成。」

這句話一出，議會紛亂的情形霎時停止了，反對派人士不禁感到懷疑，富蘭克林既然是贊成派，為什麼不完全贊成自己所提的憲法呢？

富蘭克林頓了一會，才繼續對大家說：「我對於自己贊成的這個憲法並沒有信心，出席本會議的各位，也許對於細則還有些異議和疑慮，但不瞞各位，我此時也和你們一樣，對這個憲法是否正確抱持懷疑態度，我就是在這種心境下來簽署憲法的。」

佛蘭克林的這番話，使得反對派的激動和不信任態度終於平靜下來，美國的憲法終於順利通過。

一般人要化解對方的不信任感，往往會以強硬的口氣說「請你相信我的話」，或者說「根本沒有那回事」，結果反而使對方的不信任感更加強烈。

因爲這樣說，就像是要將對方的不信任全面否定，只保留自己單方面的主張，實際情況是一種正面的攻擊，這樣做是不會產生任何效果的。

對於一件事情，如果光是強調好的一面，那麼對方對於你所說的話，就會存有不信任的潛在心理。

如果爲了讓對方相信自己，消除他的不信任感，而一再強調自己的優點，這樣反而缺乏說服力。還不如利用人類潛在心理的「彆扭心態」，來取得對方的信任。例如，你可以先給對方一些不利於自己的消息，使對方覺得你「還蠻老實的」，這樣一來，他就會產生想聽你繼續說話的意願，你便可以附帶地爲自己說些好話，在不知不覺中，對方就會順利地接受你的誘導。

富蘭克林就是利用了這個技巧，先說一些對自己不利的話，使對方反而產生了信任感。

12

如何壓制對方的氣焰？

有些爭強好勝的人不能理解別人的謙讓，
還以為自己真的了不起，由此而變本加厲，
更瞧不起人、不尊重人了。

禮貌是社交大門的通行證

如果你在待人接物中能夠做到熱情而不過分，客氣而不失禮節，那麼，肯定會有很好的人緣。

俄國文豪托爾斯泰在《幸福家庭》中，一語道破人與人之間的奧妙心理：「每個人都在暗地裡褒貶對方，並且用自己的標準衡量對方。」

這個世界上缺乏許許多多東西，最不缺乏的就是喜歡對別人品頭論足的人，日常生活中，我們幾乎每天都會遇到這樣說話尖酸、自以爲是的人。

如果你厭煩了對方那種刻薄的說話方式，不妨找個機會，發揮「罵人不帶髒字」的智慧回敬一番。

芬蘭著名的音樂家西貝柳斯有一次在公園散步，不巧遇見了一位相當尖酸刻薄的音樂評論家。

評論家態度傲慢地迎面而來，指著樹上吱吱喳喳的小鳥對西貝柳斯說：「依我看，這些小鳥才是最美妙的音樂家！」

這時，恰巧有一隻烏鴉一邊呀呀叫著，一邊停到樹上，西貝柳斯於是學著音樂評論家的動作：「依我看，牠和你一樣，都是相當優秀的評論家。」

法國大文豪羅曼羅蘭曾經在著作中說：「想要散佈陽光到別人的心裡，先得自己心裡有陽光。」

文雅的舉止，謙虛的談吐，和藹的容顏，這些都是我們在交際場合中應該具備的。

如果你在待人接物中能夠做到熱情而不過分，客氣而不失禮節，那麼，肯定會有很好的人緣。

反之，即使是有「理」但是傲慢無「禮」，又口出惡言的話，將會對你的人際交往形成障礙，惹出諸多不必要的麻煩。

沒有意義的問句不必認真答覆

每個人都可能碰到一些無聊人士提出的無趣問題。這時，就多繞些彎才回答，轉移他的注意力，藉此讓自己的耳根清淨。

面對煩人的蒼蠅，一掌打死牠並不能解決問題，反而會引來更多的蒼蠅。最好的方法就是，阻斷蒼蠅出現的根本原因。

在現代這個社會裡，上至政治人物，下到影視明星和平民百姓，只要是個鋒頭人物，讓人感興趣，就將失去隱私權。也因此，許多不堪媒體騷擾的受害者，在忍無可忍的情況下與跟拍的狗仔隊直接爆發衝突。

水能載舟也能覆舟，媒體能夠讓一個人出名，也就能毀掉一個人，所有的「新聞」都是炒作出來的。

因此，被媒體騷擾時，直接拒絕媒體，容易造成反效果。面對鏡頭，就算不能說幾句好聽話，也不要讓他們抓到能大作文章的把柄。

當羅斯福在一九四五年第四次連任美國總統的時候，一位《先鋒論壇》報的記者前去採訪他，一再詢問總統連任四次的感想。

羅斯福並沒有立即回答，只是談些不著邊際的話題。

當記者再度請總統談談感想時，羅斯福只是客氣地請這位記者吃了一塊蛋糕，記者受寵若驚地接了過來。一塊才剛吃完，羅斯福又遞給他第二塊。記者盛情難卻地吃了第二塊，總統又請他吃了第三塊，雖然記者已經很飽了，還是勉強吃了下去。

好不容易解決掉第三塊蛋糕，當記者想再問總統剛剛的話題時，總統卻遞上了第四塊蛋糕，並說：「請再吃一塊吧。」

記者趕忙推謝，並且一再申明自己真的吃不下了。

這時候，羅斯福總統才放下盤子，笑著對記者說：「現在，你不是要問我對於連任四次的感想嗎？我想你已經感覺到了。」

居禮夫人獲得諾貝爾獎的消息一傳開之後，一群記者爭相想採訪她。居禮夫人不堪其擾，就悄悄躲到一個偏遠的漁村度假，可是一位美國記者還是得到小道消息，跑到漁村去採訪居禮夫人。

當記者到了居禮夫人落腳的地方時，看見一位年輕的「農婦」赤腳坐在門前，就上前問到：「妳是這間房子的管家嗎？」

「是的。」農婦平靜的回答。

「妳們家主人在嗎？」

「不在，她剛剛出門去了。」

「她會很快就回來嗎？」

「不會。」

記者露出失望的神情，又不打算空手而歸，就索性坐了下來，打算向「農婦」探聽一些口風：「可以告訴我一些關於妳家主人的事嗎？」

「不可以！」農婦搖搖頭，態度堅決地回答說：「不過，有一點倒是可以告訴你，居禮夫人要我轉告記者先生們，與其打探別人的隱私，倒不如多問些關於思想的問題。」

記者聽完悶悶不樂地離開了，本沒料到，這位打赤腳的「農婦」就是舉世聞名的居禮夫人。

每個人都必須注意自己的「形象」，公衆人物更是如此。但是公衆人物也是人，離開了鎂光燈也想擁有個人空間，在面對一些私人、內心的問題時，也有拒絕回答的權利。

羅斯福總統利用蛋糕巧妙表達了自己的感想，更暗示記者他問的是沒有建設性的問題，而且因爲問得過多而令人煩膩。

居禮夫人化身爲「農婦」，藉此教導記者探人隱私是不道德的事情，就連一個「農婦」都知道要謹守主人的秘密，更何況是個知識份子？也藉著「農婦」之口讓記者明白，與其打探別人的私生活，倒不如多關心眞正有意義的東西。

不只是公衆人物，在日常生活中，每個人都可能碰到一些無聊人士提出的無趣或煩人的問題。既然答案是什麼並不是重點，別人要的只是一些可以錦上添花、沒有意義的答案，那麼就多繞些彎才回答，轉移他的注意力，也藉此讓自己的耳根清淨。

千萬別去踩別人的痛處

每個人身上也都有幾片「逆鱗」存在，唯有小心觀察，不觸及對方的「逆鱗」，也就是我們所說的「痛處」，才能保持圓融的人際關係。

簡單的事情總是蘊含著大道理，說話的藝術正是人人必修的課題！有很多人都反對「見什麼人，說什麼話」的做法，認爲那是表裡不一的人才會做的事，是兩面三刀、華而不實的表現。

事實上，只要不是心存惡念，見什麼人還眞要說不同的話，否則很容易踩到別人的痛處，替自己埋下後患還渾然不知。

只要做好心理建設，平日勤於鍛鍊自己的說話技巧，要成爲受人歡迎的說話高手，其實一點都不困難。

一個人若想和上司、同事間建立良好的人際關係，一定要記住：保持適當距離，做事公私分明，尤其要注意不要踩到別人的痛處。

被擊中痛處，或是遭到惡毒的言詞攻勢對任何人來說都是件不愉快的事。不管在什麼情況下，不去碰觸別人的痛處，不但是待人處事應有的禮儀，更是在都市叢林中左右逢源的關鍵。

有修養的人即使在盛怒之下，也不會擴散憤怒的波紋，但是涵養不夠的人，被激怒了，往往就會面露兇貌、口出惡言，甚至隨手拿起手邊的東西往地上摔。

某些人暴跳如雷的時候，還會口不擇言，用侮辱性的語言攻擊別人最敏感的隱私。一旦你攻擊他人的痛處，修養好的人雖不至於當場發作，與你破口對罵，但心中的疙瘩和怨恨往往難以抹平，如果他是你的上司或客戶，你就會變成被「封殺」的對象。

在公司裡，「封殺」意味著調職、冷凍、開除。如果你是公司負責人，「封殺」就代表著對方拒絕繼續與你往來，或是「凍結關係」。

中國古代有所謂「逆鱗」的說法，強調即使面對溫馴的蛟龍，也不可掉以輕心，千萬不要激怒牠。

傳說中，龍的咽喉下方約一尺的部位，長著幾片「逆鱗」，全身只有這個部位是逆向生長的，萬一不小心觸摸到這些逆鱗，必定會被暴怒的龍吞噬。

至於其他部位任，不論你如何撫摸或敲打都沒關係，只有這幾片逆鱗，無論如何也觸摸不得，即使輕輕摸一下也犯了大忌。

其實，每個人身上也都有幾片「逆鱗」存在，即使是人格高尚偉大的人也不例外。唯有小心觀察，不觸及對方的「逆鱗」，也就是我們所說的「痛處」，才能保持圓融的人際關係。

把自己變成聰明的狐狸

在現實社會中，我們身邊充滿著豺狼虎豹，如果不懂得說話謀略，把自己變成聰明的狐狸，那麼被犧牲的可能就是自己了。

許多心靈導師都感嘆，世間到處充滿著虛假與欺詐，尤其，裝出慈悲和善的臉孔，更是熟諳厚黑權術的人的拿手好戲，爲了達到自己所追求的目的，他們經常以最美麗的外表、最動人的言詞欺騙別人的耳目。

但是，這些心靈導師們並沒有教導我們，遇到這樣的奸僞小人，究竟應該要如何正面積極應對，我們只能從「厚黑學」的角度去尋求解答了。

「厚黑學」在近幾年來開始流行，而所謂的厚黑學，簡單的說，就是教你怎麼樣透過言詞和行爲，利用別人達到自己的目的。

雖然「利用」這個詞彙充滿了負面的印象，但是利用別人達成自己的目的，有時候也是一種不得已的自保方法。

有一天，身為萬獸之王的獅子生病了，全身無力地躺在山洞裡，所有的動物都來探望獅子，只有狐狸一次也沒有來探望過。

這個時候，處心積慮想除掉狐狸的狼就對獅子說：「您知不知道，狐狸一直沒有來探望您的病情，可見他對您的身體健康一點也不關心。他平時對您的殷勤表現，一定都是裝出來的。」

正當狼在山洞裡跟獅子說狐狸的壞話時，狐狸正好來探望獅子，在山洞外把狼的話聽得一清二楚。

狐狸知道狼對自己不懷好意，所以假裝匆忙地跑進山洞，興奮地對獅子說：「大王，我奔波了這麼多天，總算找到醫治您的藥方了。」

獅子一聽，連忙問狐狸說：「要怎麼樣才能治好我的病呢？」

「我好不容易才找到一個神醫，這個神醫跟我說，治好您的唯一方法，就是在您身上裹上一條新鮮的狼皮。」

狐狸的話剛說完，這隻只顧著挑撥是非的狼還來不及搞清楚狀況，便糊裡糊塗地被跳起來的獅給咬死了。

如果你不懂得如何利用別人，別人就會來利用你，有時候，「挑撥離間」、「借刀殺人」也是一種自保的手段。

因為，在現實的社會之中，我們身邊充滿著豺狼虎豹，如果不懂得說話謀略，把自己變成聰明的狐狸，那麼被犧牲的可能就是自己了。

所謂「害人之心不可有，防人之心不可無」，雖然利用別人不是件好事，但是若能在適當地範圍內有效「運用」，那麼，在危急的關鍵時刻，或許也算是一個不錯的「自保」方式吧！

和人打交道，要注意禮貌

見了陌生的長者，一定要恭敬稱呼，另外，還必須注意看年齡稱呼人，要力求準確，否則也會鬧出笑話。

與人打交道，總是以稱呼開始，這既是一個見面禮，也是進入社交大門的通行證。

稱呼得體，可使對方感到親切，交往便有了良好的基礎；稱呼不得體，往往會引起對方的不快甚至惱怒，令自己陷入尷尬的境地，致使彼此的交往受到梗阻，甚至中斷。

從前，有一年輕人騎著馬趕路，看見一位老漢，便在馬上高喊：「喂，老頭子，離客店還有多遠？」

老頭子回答：「五里。」

年輕人策馬飛奔，急忙趕路去，然而一口氣跑了十多里路，仍不見人煙。他暗想，這老頭子真是可惡，竟然說謊騙人，非得回頭教訓他一下不可。

他一邊想著，一邊自言自語道：「五里，五里，什麼五里！」猛然，他醒悟過來了，這「五里」不是與「無禮」諧音嗎？於是撥轉馬頭往回走。

追上老人後，年輕人急忙翻身下馬，恭敬地叫聲「老伯」。話沒說完，老人便說：「客店已走過頭了，如不嫌棄，可以到我家一住。」

這則故事說明了一個道理：見了陌生的長者，一定要恭敬稱呼，特別是當你有求於人的時候，不能隨便喊「喂」、「嗨」、「騎車的」等，否則會惹人討厭。另外，還必須注意看年齡稱呼人，要力求準確，否則也會鬧出笑話，令彼此尷尬。

另外，平常稱呼上級也要看場合，在正式場合，例如開會、與外界接洽、談論工作之時，一定要按上司的職務加以稱呼，因爲這樣才能突顯上司的權威性和工作的嚴肅性。

如何壓制對方的氣焰？

有些爭強好勝的人不能理解別人的謙讓，還以為自己真的了不起，由此而變本加厲，更瞧不起人、不尊重人了。

一七九六年，年僅二十七歲的拿破崙榮升義大利方面軍團司令。但是，由於他的身材矮小，而且軍中資歷又淺，部隊裡的高階將領都表現出一副瞧不起他的模樣，而且經常出言頂撞。

拿破崙為了樹立自己的領導權威，決定採取強硬手段。

有一回，一個名叫奧熱羅的將領和拿破崙發生激烈爭吵，拿破崙冷冷地抬起頭，望著眼前的奧熱羅，對他說：「你的身高正好比我高出一個頭，但是，要是你繼續對我無禮，我就會馬上取消這個差距。」

拿破崙的強硬態度，終於使得軍隊裡的其他將領不敢再造次。

辦公室中，總有幾個人喜歡爭強好勝。這種人根本無法容忍別人的能力、才幹超過自己，總認爲自己天下第一，誰也沒他強。

這種人狂妄氣十足，自我炫耀、自我表現的慾望非常強烈，哪怕是一件小事也要證明自己比別人強，比別人正確；當遇到競爭對手時，總是想方設法地排擠他人，不擇手段地打擊別人。

對這種人，大家雖然內心覺得好笑、幼稚，也瞧不起他，但是，另外一方面，又不願爲了小事得罪他，傷了團體內部的和氣，於是，往往採取了遷就和忍讓的態度。即使是領導者對於這種人，也多半是睜一隻眼閉一隻眼，只求不要正面和自己作對。

但是，這種心態是不對的。

追求和諧，以和爲貴，這無疑是人際交往中一個重要原則。爲了顧全大局，求大同存小異，在某些方面做一些必要的退步和忍讓，本身並沒有錯。但關鍵是，有些爭強好勝的人卻並不領這份情，甚至不能理解別人的謙讓，還以爲自己眞的了不起，由此而變本加厲，更瞧不起人、不尊重人了。

顯然，對這樣的人，是不能一味遷就的，一定要像拿破崙一樣，在適當的時候，給點顏色瞧瞧，以適當的方式來壓一壓他的爭強好勝的氣焰，使他知道天外有天、人外有人。

當然，在使用這一招的時候，也要看到爭強好勝者中的區別。有些人是因爲性格和本性之使然，這種人是很難改變了的，不妨加大力度。還有一些自命不凡的年輕人，由於社會經驗不夠，不知天高地厚，初生牛犢不怕虎。對於這種年輕人，不妨多從正面來引導和點撥，開拓其眼界、增長其見識，使他們變得謙虛謹愼些。

教訓投機取巧的小人

投機取巧的人一般嘴甜、心細、臉皮厚，即使是做錯了事，也往往會把責任轉嫁和推卸到其他人身上去。

默片時代的星卓別林以諷刺喜劇名震影壇，在日常生活中也經常運用機智幽默對付心懷不軌的歹徒。

有一天，卓別林到電影院看電影，鄰座恰好坐著一個扒手。扒手把手伸進卓別林的口袋偷錢，被機警的卓別林發現，扒手連忙說：「對不起，我想掏手帕，卻掏錯口袋了。」

卓別林對他微微一笑，表示沒關係，誰知過了一會，卓別林竟然一巴掌狠狠打在扒手的臉上。

扒手怒氣沖沖地瞪著卓別林，只見卓別林裝出一副抱歉的模樣，對扒手說：「對不起，我想打死停在我臉上的蚊子，沒想到卻打錯了臉。」

每個人身邊都有一些投機巧取的小人，對付這種人不必大罵髒話，不妨學學卓別林，採取「以牙還牙」的方式。

在職場上，投機型的人善於察顏觀色，臉皮很厚，把自己做爲商品，謀求在「人才市場」上討個好價錢。

這種人即使在工作上也愛討價還價，往往對目前僱用他們的公司施加壓力，鑽營晉升或增加工資的機會。

或者，他們在工作上不安分，但卻熱衷於和領導者、管理階層套交情，他們不想憑工作成績得到重用和提拔，而是想通過和領導拉私人關係去得到好處。

投機取巧的人一般嘴甜、心細、臉皮厚，即使是做錯了事，也往往會把責任轉嫁和推卸到其他人身上去，而一旦有了功勞，又會極力地吹噓自己的貢獻和成績，生怕上司不知道。

還有，上司在場和不在場，他們表現就完全不一樣，上司在的時候，他肯定是最勤勞的一個，連臉上的汗水也不會擦，千方百計想給上司一個好印象；領導一旦離開，他就賴在一旁休息了。

領導者光憑自己的眼睛是很難發現的，因爲這些人很會僞裝自己，只有多聽取其他下屬的反映，才能揭開這種人的眞實面目。

這種人是不能重用的，他在哪個部門任職，哪個部門就會被他搞得亂糟糟。因此，領導者一旦發現你部下的某一位是一個投機取巧的人，你要毫不客氣地要把他撤換掉。哪怕他只是一個普通的員工，你都要提防，免得受他的騙。

用「刺蝟原理」來處理摩擦問題

人們彼此之間的距離和刺蝟之間的距離有些相似，特別是上司和難以對付的下屬之間的距離。

喜歡「吐槽」的人，往往最難對付。

這樣的人在每一個公司都有，不管走到哪裡都會遇到他們。這種人專門和上司作對，但是對跟和他們沒有利益衝突的人則表現得十分友好。再加上這種人通常具有一定的專長，因此，他們有自己的勢力範圍和人際圈子，足以在一些問題上與領導者分庭抗禮。

歸納起來，對付和防範這種人，應該注意以下兩點。

一要克服與他們對立的情緒。

在一個公司裡，經常會出現這樣的情況，有些下屬總是喜歡「冒刺」，甚至不執行上司的指示和命令，因此上司平時很少把重要的工作委派給他們，長此以往，便會在彼此之間產生對立情緒。這種人也就成了集體的包袱。

二是應當考慮如何使用他們，發揮他們的積極性，將他們向上司「吐槽」的心計與熱情轉移到工作上。

如果老闆因為他們的「刺」而採取不予理睬，或採取壓制、打擊、報復的方法，必會給自己帶來無窮的後患。你越不理這種下屬，他越會事事和你作對，拆你的台。你若想打擊壓制他們，他們有如渾身是刺的刺蝟，恐怕讓你叫苦連天。

既然他們是「刺蝟」，你不妨用「刺蝟原理」來處理問題。

刺蝟是渾身長滿針一樣的小動物。冬天來臨時，若把幾隻刺蝟放在一塊，我們就會發現，牠們彼此會把身體擠在一起，但是，如果牠們靠得太緊的話，就會彼此傷害對方，如果離得太遠，就無法取暖。

所以，刺蝟與刺蝟相處有一定的距離。

人們彼此之間的距離和刺蝟之間的距離有些相似，特別是上司和難以對付的下屬之間的距離。

離得太遠，不利於領導；靠得過近，又擔心被他傷害。只有保持適當的距離，才能管好這類下屬。

當下屬當面頂撞了你，或故意侮辱了你，你又該如何呢？你會惡言相向或是利用自己的職權藉機懲罰他嗎？

正確的做法是：讓他三分。

如果下屬的一句話使你臉面無光，自尊心受損，你就怒氣沖天，甚至罵髒話，那樣最終會更丟自己的面子。

過激的宣洩方法只能使你得到一時快意，但後果卻不甚樂觀。如果你認爲自己是上級，沒有必要彎下腰來，或根本就看不起對方，那麼，你就是一個不稱職的領導者，或者說是一個失敗的領導者。你怎樣對待別人，反過來，別人同樣會怎樣對你，這是修養的問題，也是解決難纏下屬的問題。

適時放對方一馬

有些人一陷入爭鬥的漩渦便不能自拔，
為了利益或為了面子，硬要爭得你死我活。
一旦在法理上佔上風，更是得理不饒人。

你能原諒你的仇人嗎？

原諒仇人可以使你在日常生活中掌控自己，情緒不致隨著對方的一舉一動而起伏，既可降低對方對你的敵意，亦可緩和你對對方的敵意，何樂而不為？

喜歡到處和人打架的狗，通常會跛著腳回家。

喜歡和別人爭執的人，自以爲是兇猛的獅子，其實只不過是隻小狗而已，通常都不會有什麼好下場。

人不會因爲話說得太少而後悔，卻常常因爲說得太多而後悔。因爲，就算修養再好的人，一旦打開話匣子，也難免會說些自欺欺人和誇大不實的話語，引起別人不悅，甚至替自己招來仇敵。

法國哲學家伏爾泰因為譏諷攝政王奧爾良公爵，而被關進巴士底監獄，長達十一個月之久。

在獄中吃盡苦頭的伏爾泰出獄後，深知攝政王冒犯不得，否則以後還會遭殃，於是專程前去感謝他寬宏大量，不計前嫌。

由攝政王深知伏爾泰擁有廣泛的社會影響力，也急於籠絡他，因此，兩人見面之後，彼此說了許多感激、抱歉之類的客套話。

最後，伏爾泰再一次向奧爾良公爵表達謝意：「陛下，您真是樂於助人，解決了我長達十一個月的食宿問題。不過，從今以後，您就不必再為了這些瑣事替我操心了。」

伏爾泰話中有話、明褒暗諷，但奧爾良公爵聽了之後哈哈大笑，從此再也沒找過伏爾泰的麻煩。

當你和朋友之間有了芥蒂，由朋友翻臉成了冤家時，這種關係該如何處理？是隨時準備火力進攻，還是退一步海闊天空呢？

正確的方式是保持風度，原諒你的仇人。

人與動物的不同之處在於，動物的一切行動都依本性而發，完全屬於自然反應；但是人的行動會通過大腦的思考，並依照當時的心理需要，做出各種不同的選擇，說出不同的話語。

當然，原諒仇人是很困難的一件事。

絕大部分人碰到仇人就會分外眼紅，恨不得置他於死地。即使不到那種強烈憎惡的程度，或環境條件不允許將對方徹底消滅，也肯定會採取「老死不相往來」的冷淡態度。因此，能夠原諒仇人的人，胸襟和氣度無異達到了至高的境界。

原諒仇人的最大好處是可以使你在日常生活中掌控自己，情緒不致隨著對方的一舉一動而起伏。

其實，原諒你的仇人，既可降低對方對你的敵意，亦可緩和你對對方的敵意，何樂而不為？

適時放對方一馬

有些人一陷入爭鬥的漩渦便不能自拔，為了利益或為了面子，硬要爭得你死我活，一旦在法理上佔上風，更是得理不饒人。

法國哲學家伏爾泰喜歡譏諷同時代的社會名流，有一天，他和一位朋友閒聊時，卻十分難得地，將一位試圖與他一較長短的同輩作家大大的讚揚一番。

他的朋友聽完之後，十分不以為然地說：「你這麼慷慨大方地稱讚這位作家，可是，他卻經常在背後說你壞話，說你是個不學無術的騙子，還罵你是陰狠歹毒的偽君子。」

伏爾泰聽完，笑著對朋友說：「其實這也沒什麼，你知道，我們兩個人一向都喜歡說反話！」

在競爭激烈的現代社會中，不少人由於各種各樣的原因而與人爭鬥，有些人一陷入爭鬥的漩渦便不能自拔，爲了利益或爲了面子，硬要爭得你死我活。有這種傾向的人，一旦自己在法理上佔上風，更是一副得理不饒人的模樣。必須謹記「罵人不必帶髒字」、「得饒人處且饒人」的道理，人情留一線，日後好相見，適時放對方一馬，讓他順著台階下，別弄得對方太沒面子。

其實，原諒敵人並不是很難做到，如果你能夠要求自己做到這一點，你在朋友之中的聲譽，無形中會提升許多，日後絕對會大有好處。

因爲，對方理虧之時，你卻能寬宏大量原諒他，讓他留住顏面，他必定會心存感激。

即使他不心存感激，也不應該把對方逼進死胡同，因爲，你若一再進逼，讓對方走投無路了，他爲了「求生」就可能不擇手段進行反撲，必定對你造成巨大的威脅。

更何況，誰能保證日後你和他不會「冤家路窄」？狹路相逢之時他若強過你，你豈不也要吃虧？

不要讓你的幽默變了調

有的人可能誤解了幽默的涵義，或者是不懂幽默的用意，結果，自以為是的幽默變成為低俗的笑話，或是挖苦的語言，效果自然也就跟著變了調。

由於生長環境和所受的教育程度不同，因此，每個人行事風格大異其趣，說話的方式也不盡相同。

交際時說話應當注意察言觀色，對不同的人應當採取不同的說話方式，並且時時注意變換談話的內容，面對那些經常口出惡言或有意羞辱自己的人，更應該選擇適合的話題，回敬對方的驕橫無理。

在商務交際活動中，比較容易獲得成功的是——幽默的談吐。

幽默可以活絡氣氛，拉近雙方的心理距離，並讓人留下良好的印象，讓對方知道，你是一個頭腦靈活、處事不死板的人。

可以這麼說，在與人交際應酬時，幽默有著無可替代的作用，是不可缺少的潤滑劑。例如：

·幽默可以緩和初次見面的緊張感。

·幽默可以增進你與對方的親密感。

·幽默可以適時開啟對方的心扉，創造絕佳契機。

由此可見，掌握一些幽默風趣的談話技巧是相當必要的。

一般人都喜歡與有幽默感的人合作，因爲，幽默是聰明機智的代名詞，這種合作對象會令人感到比較愉快。

但是，有的人可能誤解了幽默的涵義，或者是不懂幽默的用意，結果，自以爲是的幽默變成爲低俗的笑話，或是挖苦的語言，效果自然也就跟著變了調。

如何培養幽默的技巧呢？

第一必須頭腦靈活，其次要有多方面的興趣，這樣才能通曉廣泛的知識；最後，最重要的一點就是態度要隨和親切。

幽默與氣氛有著密切的聯繫，如果不注意在氣氛上加以改善，只是一味地把自己認爲幽默的故事搬來套用，這在某種程度上等於張冠李戴，是不會收到任何預期效果的。

發揮幽默機智也要選擇適當的時間，在重大問題上作嚴肅討論的時候，往往不具備幽默的空間，等重大問題的討論告一段落了，大家作隨意交談的時候，幽默才可以派上用場。

當你在商務應酬中途遇到困難或瓶頸，雙方都陷入緊張的情緒中時，唯有「幽默」才能將令人窒息的氣氛緩和下來。

小心別人反咬你一口

宣揚別人的隱私，說人家的閒話，在背後胡亂評說他人等等，都是要不得的，可別忘記，別人可能隨時進行反撲！

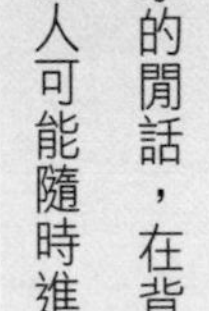

不尊重別人感受與立場的人，不管擁有如何高深的學識，最終只會引起別人的討厭與嫌惡，很難達到有效溝通的目的。

商務活動免不了交際應酬，在應酬中難免會聊一些與商務無關的事情，藉此來沖淡緊繃的氣氛。然而，有的人卻是以宣揚別人的隱私而沾沾自喜，殊不知，這是生意場上交際應酬中的大忌。

有的人試圖知道別人的隱私來突顯自己消息靈通，以爲這樣一來能提高自己的地位，其實，這種想法大錯特錯。

宣揚別人的隱私，也許會有討好的一面，例如：

第一、交際應酬多了談天的資料。

第二、能滿足聽者的好奇心理。

第三、知道別人的隱私後，等於可以找機會踩別人一腳。

第四、得知別人的隱私，往後在生意場上彼此交鋒勾鬥之時，可以拿來充作自己攻擊的武器。

正因爲如此，有的人樂此不疲，每逢交際應酬的場合，都喜歡說短道長，或者打聽別人的隱私。

然而，這樣的人只是看到事情的一面。事情的另一面是，許多人對說長道短的人，都不免懷有強烈的戒心，甚至會想：「他會不會打我的主意？會不會在別的場合數落我的隱私？」

這麼一來，大家對這樣喜歡道人是非的人便會敬而遠之，在生意場上也不會跟他發生任何關係。

在交際應酬場合宣揚別人的隱私，說人家的閒話，在背後胡亂評說他人等等，都是要不得的行爲，雖然可以到處向別人炫耀自己消息靈通，但是，可別忘記，別人可能隨時進行反撲！

不過，也有的人常常在交際場合說「隱私」，道「閒話」，兼「批評」，有時候還來一段諷刺挖苦，肆無忌憚，但效果卻很好。爲什麼？

原來，那是完全以自己爲對象，大談自己的「隱私」，把自己的缺點爽爽快快地拿到大家面前來「數落」一番。

這樣的調侃往往能收到喜劇效果，相當受歡迎。

「裝瘋賣傻」拒絕不喜歡聽的話

朋友之間當然應該互相關心，但某些敏感的問題還是小心避開為妙，千萬不要無聊到去當別人傾吐苦水的「垃圾桶」。

美國作家赫爾曾說：「想要把自己剪裁得適合每一個人的人，到最後恐怕連自己都不認識自己。」

其實，做人難免都會顧此失彼，魚與熊掌本來就不可兼得，重點應在於你如何運用智慧，在兩者之間取得一個平衡點來做你自己。

日常生活當中，每個人都有不爲人知的心煩事情，有些人卻毫不體諒別人的立場，硬要把自己的煩惱加諸別人身上，硬要把自己的私事傾吐給別人知道。

對於這些惱人的事，也許你根本懶得理會，甚至連聽也不願意聽，但是又怕對方發生不必要的誤會，所以不得不耐著性子，勉為其難地充當別人的「垃圾桶」，最後把自己搞得煩不勝煩。

這種做法其實是錯誤的，千萬要記住，對於別人的某些私事聽過就算了，不要捲入是非的漩渦，尤其是夫妻間的感情糾紛，否則你馬上會變成「是非人」，無法全身而退。

朋友之間當然應該互相關心彼此的生活狀況，但是對於某些敏感的問題還是小心避開為妙，千萬不能憑一時的正義感過問別人的家務事，也不要無聊到去當別人傾吐苦水的「垃圾桶」。

對於朋友的家庭糾紛要裝聾作啞，不要追問事情的來龍去脈，因為一旦你知情或介入了，就會被他們認定為當然的「判官」，從此不得安寧。

遇到朋友對你傾吐這些惱人的問題，如果你不想弄亂自己的情緒，就必須想辦法加以推辭。

遇到對方想邀你聊一聊時，你可以推說自己很忙，不管他說得多麼可憐，一概以「忙得不能抽身」為理由推卸。

你一拖再拖，對方就會馬上轉移目標另找「垃圾桶」，這樣一來，你就可以逃過一劫。

如果你眞的避不開，那麼建議你適時「裝瘋賣傻」，裝作根本聽不懂他到底在說什麼，頻頻反覆詢問對方，讓對方覺得自己對牛彈琴，另外尋找「聽衆」。

另外，你也可以表現得一副心不在焉的模樣，專說些牛頭不對馬嘴的話，對方如果是聰明人，一定會識趣打住，另尋可以一吐爲快的倒楣鬼，你就可以趁機脫離苦海了。

「惡意」是友情的殺手

朋友之間的寶貴友情，是從彼此的善意關懷一點一滴累積的，充滿惡意的動機是無法和別人建立穩固情誼的。

辦公室裡說話的藝術，重點就是態度上的不卑不亢。在論述自己意見的同時，如果能夠同時運用傾聽的技巧，表達出冷靜、理智且流露尊重對方立場的態度，無形之中就會讓彼此的交流愈來愈順暢。

話說得體合宜，不僅能表現出自身修養的高雅，也能「罵人不帶髒字」，輕易地迎戰別人的攻擊，透過說話策略與技巧，讓人們接受你的意見或觀點，使人願意接近你，提昇自己的溝通、辦事效率。

一般而言，地位較高的企業主管，對於能與同事維持良好關係的職員，必然深具信心，願委以重任，相反的，一個人縱使才氣非凡，但老是和週遭的人發生摩擦，也無法獲得重用。

能與別人和睦相處的人，代表著他具有維持良好人際關係的能力，這種能力將協助他在事業上或生活上一帆風順。

至於如何與別人和睦相處，訣竅其實很簡單，那就是「將心比心」。換言之，就是如果你希望別人友善地待自己，那麼就得先友善地對待他人。

經常以親切的態度對待他人，對於別人內心所希望達成的事情或想獲得的利益，如果你能時常加以關切並適時給予協助，那麼就能建立和諧的人際關係，自己也能獲得相對的回報。

如果你能設身處地對待周圍的朋友，就可以使對方感受到你的誠意和關懷。

美國人際關係大師湯姆遜．威爾森先生曾說：「友情之道無他，只能以友情獲得，人或許可以輕易地支配他人，卻很難得到他人真心信賴。」

一個性情孤僻，喜歡獨往獨來的人，由於在生活和事業上沒有朋友相扶助，想要獲得成功，就只有靠自己單打獨鬥，往往必須付出加倍的努力。

人無法離群而索居，不管在事業上或日常生活中，友情都是人生最難能可貴的珍品。眞心的朋友會爲我們帶來向上奮發的動力，時時刻刻激勵鼓舞著我們，更必須好好加以珍惜。

朋友之間的寶貴友情，是從彼此的善意關懷一點一滴累積的，充滿惡意的動機是無法和別人建立穩固情誼的。如果你能理解這一點，善意地關懷自己想結交的人，就能快速獲得他們的友誼。

對待朋友一定要以善意爲出發點，如此才能培養深厚的情誼與默契，使對方樂於採納你的意見，而不會誤會你提出的意見是否別有用心。

讓彼此都擁有一副好心情

維持良好的人際關係，並不是處心積慮地迎合別人，也不是一年到頭虛情假意地「陪笑」，而是發自內心地與人交往。

要在工作場合使別人欣然採納自己的意見，維持良好的人際關係非常重要。狄更斯·費爾特曾提出如下的忠告：「**切勿與人爭論激辯，即使彼此的意見相左，也應巧妙有禮地轉變話題。**」

與朋友發生爭論，常常會傷害彼此，有時甚至會反目成仇，從此失去這個朋友。這樣的爭論無疑喪失了交談的意義和價值，既然如此，又何必爲了證明自己正確而和別人爭論不休。

史夫易特也曾經這麼說：「**最惡劣、最糟糕的交談，莫過於爭論了。**」

在商業交往中，雖然眞正的情誼較爲淡薄，但是維持良好的人際關係，仍然可以幫助自己成功，因此必須把它當成一件重要的工作。

其實，那些口頭上認爲「商界無所謂友情」的人，在面臨自己無法解決困難時，往往也會尋求週遭的朋友幫忙。

以銷售員來說，想要提高銷售成績，或許有各式各樣的可行方法，但卻不會比友情更能創造出綿綿不斷的效益。假設其他條件相同的話，一位深具協調性、容易結交朋友的銷售員，成功率毫無疑問地會比其他人高出許多。

無論在商業場合或辦公處所，臉上經常保持笑容，不動輒發怒，能令人感覺溫暖、熱心、舒暢的人，十之八九都會給人留下良好的印象。

當然，維持良好的人際關係，並不是處心積慮地迎合別人，也不是一年到頭虛情假意地「陪笑」，而是發自內心地與人交往，用和顏悅色的親切態度對待週遭的人，讓彼此都擁有一副好心情。

這一點，是每個人都能夠做到的。

萬一你的上司是個超級大豬頭

上司獲悉你嫌他「豬頭」之後，也許會覺得有損顏面，惱羞成怒之餘，必定會反咬你一口，四處散播不利於你的謠言。

據說，富蘭克林家中有一個黑人僕人，有一天問富蘭克林：「主人，紳士到底是什麼東西？」

富蘭克林想了一下，回答說：「紳士是一種動物，是一種能吃、能喝、能睡、能說，可是什麼事都不會做的懶惰動物。」

僕人似懂非懂地離開，過了一會兒，與高采烈地跑到富蘭克林身邊，對他說：「主人，我終於知道紳士是什麼東西了。我看到人們在工作，馬在拉車，牛在勞動，只有豬光會吃飯、喝水、睡覺、哇哇叫，所以紳士就是豬。」

假如你的上司是富蘭克林僕人眼中的超級大「豬頭」，好大喜功卻又毫無效率可言，又有某些讓人受不了的怪異癖好，自然是工作中的最大不幸。

譬如，你的上司一早大搖大擺地來到公司，口沫橫飛高談闊論一番後又突發奇想，提筆草擬一項莫名其妙又毫無必要的工作計劃，所有員工自是怨聲載道。但是，無論如何你都不能把心裡的髒話罵出來。

追隨一個無能又膨風的人，而且還必須爲他分憂解勞，確實是件相當無奈而且痛苦的事，從他身上學不到半點東西，只是徒然浪費寶貴的光陰。

如果遇到這樣的「豬頭」上司，你應該如何擺脫他呢？

俄國大文豪托爾斯泰曾經語重心長地說：「人人都想改變世界，但誰也不想改變自己。」

想要擺脫「豬頭」上司，必須先改變自己。

不管你的上司多麼昏庸無能，你心裡多麼瞧不起他，脫離苦海的最佳辦法就是表現更恭順謙卑，盡力從旁輔助他，不斷締造佳績，讓他早日高升。再不然，你就得更努力表現，讓自己快點升職，和他平起平坐。

這才是擺脫「豬頭」上司的積極辦法。

假如你打從心裡不想爲這種一無是處的人效勞，也不願他沾自己的光，另外一個消極的方法就是自行申請調職，遠離他疲勞轟炸的有效射程。

然而，這並不是上上之策，因爲，不管你請調的理由多麼充足，但是動機只能隱瞞一時，最後總會曝露出來。

上司獲悉你嫌他「豬頭」之後，也許會覺得有損自己的顏面，惱羞成怒之餘，必定會反咬你一口，四處散播不利於你的謠言，例如「這傢伙最會渾水摸魚，還經常惹麻煩……」之類的話，造成你工作的困擾。

況且，如果你對目前的職務很滿意，僅僅爲了不喜歡這個「豬頭」上司的爲人處事作風便輕率調職，未免太划不來，也會影響到日後升遷的速度。

換一種文明的方式去罵人

全新增訂
典藏版

罵人不必用髒話全集

The Art of Cursing

文彥博 著

ice!", "Oh coconuts!" or "Oh m
eathers!" or "Bulldinkie!" or tel
best pirate voice.
ddle on the first floor you may s
under your breath. "Skittlefarts!

荷姆斯曾經寫道：**「誇人只需要舌頭，罵人卻需要智慧。」**
的確，鐘的完美不在於走得快，而在於走得準確；罵人的話不在於髒，而是在於是否切中被罵人的要害……

巴克斯特曾經說過：**「當你無法使所有東西都保持乾淨時，也不必弄髒任何東西。」**
這句話告訴我們，當你不得不開口罵人時，不一定要口出惡言，因為，最厲害的罵人方式，是只說幾句乾淨的話，卻能讓它發揮最「髒」的功用。

溝通智典

08

罵人不必帶髒字全集：
換一種文明的方式去罵人

作　　者　文彥博
社　　長　陳維都
藝術總監　黃聖文
編輯總監　王　凌
出 版 者　普天出版家族有限公司
新北市汐止區忠二街 6 巷 15 號
TEL / (02) 26435033 (代表號)
FAX / (02) 26486465
E-mail：asia.books@msa.hinet.net
http://www.popu.com.tw/
郵政劃撥 19091443 陳維都帳戶
總 經 銷　旭昇圖書有限公司
新北市中和區中山路二段 352 號 2F
TEL / (02) 22451480 (代表號)
FAX / (02) 22451479
E-mail：s1686688@ms31.hinet.net
法律顧問　西華律師事務所・黃憲男律師
電腦排版　巨新電腦排版有限公司
印製裝訂　久裕印刷事業有限公司
出 版 日　2020 (民 109) 年 4 月第 1 版
ISBN◉978-986-389-718-7　　條碼 9789863897187

國家圖書館出版品預行編目資料

罵人不必帶髒字全集：換一種文明的方式去罵人／
文彥博著.—第 1 版.—：新北市,普天出版
民 109.04 面；公分. - (溝通智典；08)
ISBN◉978-986-389-718-7 (平裝)